어린이들의 **안전**을 재미있는 안전 교과서

KBS에서 방영 중인 〈위기탈출 넘버원〉을 바탕으로 한
지진, 폭풍, 해일 등 자연 재해, 예기치 못한 상황에서

어린이의 안전은 우리가 책임진다!

재미있는 안전 교과서!

1. **위기일발 미국 대횡단! | 미국 편**
   트렁크 안에 숨은 탈출구, 벌에 쏘였을 때 대처법, 이어폰의 위험

2. **세계 문화유산 고지도를 지켜라! | 유럽 편**
   질식 사고 대처법, 개 물림 사고, 올바른 약 복용법

3. **위기일발 화산 대폭발! | 동남아시아 편**
   찔림·베임 사고, 폭죽의 위험성, 자동문 사각 지대

4. **병원의 비밀을 밝혀라! | 아프리카 편**
   놀이터 그네 사고, 안전벨트 꼬임 사고, 장마철 감전 사고

5. **얼음 바다에서 탈출하라! | 알래스카·북극 편**
   비비탄 총의 위험성, 미끄러짐 사고, 불 화상 사고

6. **진시황릉을 탈출하라! | 중국 편**
   성장판 손상, 레이저의 위험, 어린이 승하차 사고

7. **건물 붕괴에서 살아남아라! | 일본 편**
   어린이 증기 화상, 영·유아 익사 사고, 어린이 위험 장난감

8. **아마존의 주인을 찾아라! | 브라질 편**
   마주 보는 좌석의 위험성, 안전한 약 보관, 식중독

9. **파묻힌 피라미드에서 탈출하라! | 이집트 편**
   살을 파고드는 밴드, 물 과다 섭취, 장난감 모형 라이터의 위험

10. **놀이공원에서 살아남아라! | 한국 편**
    잘못된 응급 처치, 아이들의 유괴, 휴대용 단말기의 위험성

책임지는
〈위기탈출 넘버원!〉

서바이벌 과학 학습 만화! 생활 속 안전사고는 물론
안전하게 대피할 수 있는 요령을 알려 줍니다.

한국일보 선정 2007년 상반기 히트 상품
경향닷컴 선정 유망 브랜드 대상
중국 본토, 태국 수출 도서

⑪ _ 넘버원, 매니저 되다! | 영국 스톤헨지 편
　　작은 신발의 위험성, 무거운 책가방의 피해, 욕실 감전 사고

⑫ _ 붉은 뱀 집단의 비밀 | 인도 타지마할 편
　　어린이 관절염, 구강 호흡의 위험성, 어린이 화상 사고

⑬ _ 잉카의 고대 도시를 지켜라! | 페루 마추픽추 편
　　화재 시 어린이들의 위험한 대피 장소, 압사 사고 예방법

⑭ _ 오싹오싹 지하궁전을 탈출하라! | 러시아 크렘린 궁전 편
　　이어폰으로 인한 소음성 난청, 감전 시 남을 살리는 방법

⑮ _ 공포의 성에서 살아남아라! | 루마니아 드라큘라 성 편
　　어린이 열성홍반, 사다리 추락 사고, 유독 가스 질식 사고

⑯ _ 아이거 빙벽에서 탈출하라! | 스위스 알프스 산 편
　　어린이 안전 옷차림, 스케이트장 안전사고, 눈사태의 위험성

⑰ _ 고대 왕국의 사원을 지켜라! | 캄보디아 편
　　액상과당의 중독성, 사춘기와 성조숙증, 손 씻기의 중요성

⑱ _ 납치된 아이들을 구출하라! | 네팔 히말라야 편
　　올바른 실내 화재 대피법, 애완동물 배변 관리의 중요성

⑲ _ 죽음의 마을을 구출하라! | 멕시코 세계 문화유산 대회 편
　　투명 유리의 위험성, 주스병 폭발 사고, 놀이 기구 화상 사고

구성 에듀코믹 | 그림 차현진 | 값 각 권 9,000원

MBC 창사 48주년
특집 다큐멘터리

어린이를 위한
아마존의 눈물

"출간 즉시 베스트셀러"

대한민국을 뒤흔든 최고의 명품 다큐
〈아마존의 눈물〉을 감동적인 동화로 만난다!

"아마존이 눈물을 흘리고 있어요. 여러분과 같은 나이, 같은 모습의
아마존 어린이들이 아파하고 있고요. 이제 여러분들의 손에 아마존의
미래가 달려 있습니다. 아마존의 미래가 곧 우리의 미래니까요."

_ 김진만 MBC PD

원작 MBC 아마존의 눈물 제작팀 | 글 이마애 | 그림 최정인
값 9,500원 | 대상 초등 전 학년

대한민국을 뒤흔든
최고의 명품 다큐!
지구의 허파 아마존의
신비와 아름다움을
담은 이야기

2010 고래가 숨쉬는 도서관 여름방학 추천 도서
학교도서관사서협의회 추천 도서
2010 우수 환경 도서
인터파크 2010년 최고의 책(유아/아동 부문)
교보문고 선정 2010년 인기도서상

밝은미래 그림책 시리즈

따뜻한 그림과 아름다운 문장으로 아이들에게 다양한 이야기와 재미있는 지식을 접할 수 있는 기회를 주는 유아 및 저학년용 그림책입니다.

001
음악이 가득한 집
글 마르그레트 레티히
그림 롤프 레티히
옮김 이용숙
값 9,000원 | 대상 6세 이상

자기 악기 소리만 주장하던 사람들이 '지휘자'의 역할로 아름다운 하모니를 이룹니다.
소년한국일보 추천 "새 학기에 꼭 읽어야 할 책"
2010 아침독서 추천 도서 | 대교 창의 독서 선정 도서
장원교육 국어랑 독서랑 권장 도서

002
세실리아의 아기자기한 음악 세계
글 자비네 히를러
그림 에파 블라이, 크리스티네 지카자
옮김 이용숙 | 값 9,000원 | 대상 6세 이상

음표 요정 '세실리아'를 통해 음악이 생겨난 이유와 악기의 종류에 대해 설명해 주는 그림책. 오페라와 발레, 뮤지컬 등 공연 예술의 종류도 알려 줍니다.

003
방울방울 뽀글뽀글 물고기 방귀
글 피오나 베이록
그림 캐럴린 코나한 | 옮김 강수정
값 10,000원 | 대상 6세 이상

거품을 이용한 동물들의 신기하고 재미있는 생태 활동을 그림과 함께 살펴볼 수 있는 책입니다.
미국 청소년 도서관협회 선정 도서
장원교육 국어랑 독서랑 권장 도서

004
우리는 밤이 더 신 나요!
글·그림 조라
옮김 최연순
값 10,000원 | 대상 6세 이상

부엉이와 오소리, 멧돼지와 고슴도치 등 어둠 속에서 더욱 활발하게 활동하는 밤살이동물의 종류와 이들이 환경에 적응하는 능력을 그림과 함께 설명해 주는 책.

005
태어나고 태어나고 또 태어나고
글 시스카 후민느
그림 마르욜레인 포띠 | 옮김 정신재
값 9,800원 | 대상 5세 이상

엄마 아빠와 그림책으로 알아보는 새롭고 재미있는 성교육 이야기. 네덜란드의 한 교육 단체에서 실시한 성교육 프로그램의 내용을 그림책으로 구성하여 펴냈습니다.

006
가족 백과 사전
글 메리 호프만
그림 로스 애스퀴스
옮김 신애라, 차정민
값 10,000원 | 대상 6세 이상

요즘 세상의 다양한 가족 모습을 어린이들 눈높이에 맞게 그려낸 그림 동화.
2010 고래가 숨쉬는 도서관 여름방학 추천 도서
오른발왼발 추천 도서

 아이스토리빌 시리즈

어린 시절 읽은 한 권의 책과 한 줄의 문장은 평생의 꿈이 되거나 좌우명이 되기도 합니다. 아이스토리빌 시리즈는 어린이들이 책 읽기의 즐거움을 느끼고, 세상을 이해할 수 있는 다양한 이야기가 담긴 이야기 마을입니다.

001 아빠가 집에 있어요
글 미카엘 올리비에 | 그림 한수진 | 옮김 최연순 | 값 9,000원 | 대상 초등 저학년 이상

수업을 마치고 집에 가려다 엘로디는 깜짝 놀랐어요. 아빠가 엘로디를 데리러 학교에 왔기 때문이지요. 대체 무슨 일일까요? 아빠의 실업을 계기로 가족의 역할 문제를 슬기롭게 풀어낸 가족 동화입니다.

교보문고 오늘의 책 선정 도서 | 로직아이샘 추천 도서

002 내 이름은 오빠
글 아이하라 히로유키 | 그림 아다치 나미 | 옮김 김정화 | 값 9,000원 | 대상 초등 저학년 이상

모모가 태어난 뒤로 엄마도 아빠도 무슨 일만 있으면 오빠 유타만 나무라니, 유타는 소외감을 느낍니다. 그러다 엄마가 입원하면서 남매의 갈등이 눈 녹듯 풀어집니다.

한우리가 뽑은 좋은 책 | 2010 소년한국일보 신학기 추천 도서
서울시립 어린이도서관 2010 가정의 달 권장 도서

003 넌 동생이라 좋겠다
글 아이하라 히로유키 | 그림 아다치 나미 | 옮김 김정화 | 값 8,500원 | 대상 초등 저학년 이상

사랑하는 엄마의 생일날 케이크를 사러 가는데, 그 길은 멀고 힘들기만 합니다. 초장부터 동생 모모는 떼를 부리고, 케이크도 자기 먹고 싶은 것만 고르는데……. 과연 유타는 엄마를 기쁘게 해 줄 수 있을까요? 형제자매간 갈등을 세밀하게 풀어낸 동화입니다.

장원교육 국어랑 독서랑 권장 도서

004 5학년 막심의 천재적 학교생활
글 브리지트 스마자 | 그림 원유미 | 옮김 이희정 | 값 9,000원 | 대상 초등 중학년 이상

아이들에게 공동체 생활의 참된 모습과 올바른 자기주장을 표현하는 방법, 부모와 선생님은 물론 사회와 소통하는 방법을 일깨워 주는 동화입니다. 또한 자기 위주로만 생각을 하고 타인에게 무심한 요즘 아이들에게 귀감이 될 만한 책입니다.

005 선생님 바꿔 주세요
글 브리지트 스마자 | 그림 원유미 | 옮김 이희정 | 값 9,000원 | 대상 초등 중학년 이상

어느 날 갑자기 선생님한테 미움을 받고, 또 관심을 받게 된 막심은 이런 상황에서 도망치고 싶어합니다. 친구들 사이에서 외톨이가 될 것도 걱정하고요. 학교생활이 끔찍해진 막심은 마침내 도망치지 않고 자신이 스스로 문제를 해결하려 노력합니다.

006 내 짝꿍 드리타
글 제니 롬바드 | 그림 최정인 | 옮김 신정숙 | 값 9,500원 | 대상 초등 중학년 이상

드리타는 코소보에서 미국으로 이민을 오면서 새 나라에 대한 기대감이 매우 컸지만 학교생활도, 새로운 곳에서의 가족생활도, 친구 관계도 낯설기만 합니다. 그러다 맥시를 사귀게 되면서 새로운 나라에 조금씩 적응하기 시작하고, 그 나이 또래만의 특별한 우정도 쌓아 갑니다.

007 엄마 꼭 갖고 싶어요!
글 이미애 | 그림 한수진 | 값 9,000원 | 대상 초등 저학년 이상

말썽쟁이 1학년 기동찬은 호기심에 햄스터를 기르고 싶어합니다. 하지만 엄마는 쉽사리 동찬이의 요구를 들어주지 않습니다. 두 모자간의 팽팽한 기 싸움, 동찬이가 친구의 햄스터를 잃어버렸다가 되찾는 과정이 현실감 있게 펼쳐집니다.

처음 만나는 교실 시리즈

초등학교 입학 후 어린이들이 생활 속에서 익혀 두어야 할 다양한 정보와 지식을 동화 형식으로 담아 낸 시리즈입니다. 생활 속 기본예절, 즐겁고 재미있는 학교생활을 익힐 수 있습니다.

001 착해져라, 착해져~엄마를 웃게 하는 예절 사전
글 김진섭 | 그림 한수진 | 감수 · 추천 관악예절원 | 값 11,000원 | 대상 초등 저학년 이상

버릇없는 말썽꾸러기 희동이의 일상생활을 통해 아이들이 스스로 자신의 생활과 태도를 반성할 수 있게 구성한 동화. 소단락 이야기가 끝날 때마다 상황별로 '예절 사전'을 정리해 놓았습니다.

한겨레신문사 추천 5월 가정의 달 권장 도서
소년한국일보 추천 여름 방학에 꼭 읽어야 할 책
국립어린이청소년도서관 사서 추천 도서

002 친구를 사귀는 마법 사전 -가제 (곧 나옵니다.)

똑똑하고 친절한 과학 동화 시리즈

과학을 어렵게 생각하는 어린이들을 위해 쉽고 재미있게 구성한 과학 동화 시리즈입니다. 과학은 학문이 아니라 생활이며 우리 주변에 늘 함께한다는 생각을 자연스럽게 갖게 해 줍니다.

001 개미야, 진딧물은 키워서 뭐 하게?
글 장수하늘소 | 그림 유근택 | 값 9,000원 | 대상 초등 저학년 이상

개미는 정성껏 키운 진딧물을 개미는 어디에 쓸까요? 왕거미에게 마취 주사를 놓은 뒤 알을 낳아 버린 대모벌이 있어요. 곤충들의 흥미진진한 이야기 속에 놀라운 과학이 숨어 있답니다.

대교 창의 독서 선정 도서

002 나비의 과거는 묻지 말아 줘!
글 장수하늘소 | 그림 유근택 | 값 9,000원 | 대상 초등 저학년 이상

끔찍한 이야기지만 천적에게 몸의 일부를 떼어 주어 살아남는 곤충들을 아세요? 암컷의 사랑을 얻기 위해 치열하게 노력하는 곤충들의 눈물 나는 이야기도 있다는데, 쉿! 이 모든 이야기는 곤충들만이 아는 특별한 비밀이에요.

003 개구리랑 뱀이랑 1박 2일
글 장수하늘소 | 그림 김준영 | 값 9,000원 | 대상 초등 저학년 이상

도마뱀과 도롱뇽이 친척이 아니고, 스멀스멀 기어다니는 뱀한테도 딱딱한 뼈가 있다는 사실을 알고 있었나요? 도마뱀붙이, 누룩뱀, 두꺼비, 도롱뇽 등 양서류와 파충류에 대한 모든 것이 담겨 있답니다.

대교 창의 독서 선정 도서

004 공룡 아저씨도 파충류래요!
글 장수하늘소 | 그림 김준영 | 값 9,000원 | 대상 초등 저학년 이상

오래 전에 멸종한 공룡은 도마뱀의 조상이고, 우리가 애완동물로 키우는 붉은귀거북은 우리나라 토종 거북이 아니래요. 도마뱀, 자라, 청개구리, 무당개구리 등을 통해 양서류와 파충류의 다양한 생태를 엿볼 수 있답니다.

005 날씨 나라 우산 가족의 나들이
글 장수하늘소 | 그림 이선주 | 값 9,000원 | 대상 초등 저학년 이상

날씨가 아예 없는 곳과 날씨가 만들어지는 곳, 날씨를 이루는 요소들, 날씨가 바뀌는 이유와 지역마다 날씨가 다른 이유, 날씨가 만들어지는 과정, 날씨를 알아내는 방법에 이르기까지 날씨에 대한 궁금증을 푸는 열쇠가 여기 모여 있습니다.

006 지구를 울리는 기후 마법사

글 장수하늘소 | 그림 이선주 | 값 9,000원 | 대상 초등 저학년 이상

이 책은 우리 생활을 일일이 참견하고 다니는 변덕쟁이 날씨에 대한 이야기를 담고 있습니다. 구름을 따라, 때론 바람과 빗방울을 따라, 때론 햇빛을 따라 이야기 속을 여행하다 보면, 날씨의 크고 작은 비밀을 알아낼 수 있습니다.

007 제발 날 야옹이라고 부르지 말아 줘!

글 장수하늘소 | 그림 원유미 | 값 9,000원 | 대상 초등 저학년 이상

고라니, 붉은박쥐, 꽃사슴, 표범, 호랑이, 스라소니, 삵, 바다사자 등 우리나라에 서식하거나 서식했던 다양한 종류의 포유동물에 대해서 동화로 쉽게 풀어내고 있습니다. 각 장이 끝날 때마다 포유동물의 생태에 관한 궁금증을 시원하게 풀어 줄 '와글와글 정보 상자'도 들어 있습니다.

008 얘들아, 우리 곰탱이에 놀러 와!

글 장수하늘소 | 그림 원유미 | 값 9,000원 | 대상 초등 저학년 이상

수달, 오소리, 하늘다람쥐, 늑대, 반달가슴곰, 붉은여우, 사향노루, 산양 등 우리나라에 서식하거나 서식했던 다양한 종류의 포유동물에 대해서 동화로 쉽게 풀어내고 있습니다. 동물을 포함한 자연을 우리가 왜 지키고 보호해야 하는지도 자연스럽게 깨닫게 해 줍니다.

009 붉은 거인이 가져다준 새 친구들

글 장수하늘소 | 그림 유순혜 | 값 9,000원 | 대상 초등 저학년 이상

지구의 기반을 이루는 암석과 토양을 알기 쉽게 설명해 주는 과학 동화. 화산암, 화강암, 퇴적암, 변성암, 풍화, 운석, 석회 동굴, 석탄 등을 저학년 아이들이 알기 쉽게 동화로 풀어 썼습니다. 각 장이 끝날 때마다 암석과 토양에 대한 다양한 정보를 수록하였습니다.

010 화석이 된 빅 마마

글 장수하늘소 | 그림 유순혜 | 값 9,000원 | 대상 초등 저학년 이상

암석과 토양의 종류 및 특징 등을 동화로 알기 쉽게 풀어 놓았습니다. 광상, 다이아몬드, 황금, 구리와 철, 생활 속 광물들, 성장하는 광물들, 화석, 지층 등의 개념들을 저학년 아이들이 이해하기 쉽도록 설명해 주고 있습니다.

한국간행물윤리위원회 청소년 권장 도서
소년한국 우수 어린이 도서
중국 본토 수출 도서

신 나는 책가방 시리즈

초등 교과서와 연계하여 구성한 시리즈로, 어린이들 스스로 공부할 수 있도록 도와줍니다. 초등학교 입학 전부터 초등학생에 이르기까지 학습에 부담을 가지는 아이들에게 꼭 필요한 책입니다.

001 한 권으로 끝내는 방학 숙제

글 숨바꼭질 | 그림 공덕희 | 값 9,500원 | 대상 초등 전 학년

귀찮고 얄미운 방학 숙제를 놀이하듯이 신 나게 해 주는 가이드북! 생활 계획표는 물론 일기 쓰기, 만들기, 견학 보고서 쓰기, 독후 활동 등 방학 숙제를 하는 방법은 물론 다양한 참고 자료를 제시해 혼자서도 방학 숙제를 할 수 있도록 도와줍니다.

교보문고 오늘의 책 선정 도서
예스24 베스트 도서

002 1학년 입학 전 책가방

글 김민선 | 그림 공덕희 | 값 9,500원 | 대상 7세~초등 1학년

개정된 1학년 초등 교과목을 바탕으로 구성하여, 새 교과에 대한 선행 학습을 완벽하게 대비할 수 있습니다. 초등 전 교과를 그림 그리기, 말놀이, 만들기, 관찰하기 등의 다양한 활동을 통해 초등 교과목에 아이들이 호기심을 갖도록 했습니다. 부록으로 '붙임 딱지'가 수록되어 있습니다.

예스24 베스트 도서

003 기초 튼튼 1학년 1등 국어

글 공덕희, 허기윤 | 그림 공덕희 | 값 11,000원 | 대상 7세~초등 1학년

이 책은 초등 1학년 전 교과 과정을 담았으며 '자음과 모음 익히기'를 시작으로 단어와 문장을 익히고, 시와 일기, 소개 글과 이야기 글을 쓸 수 있도록 했습니다. 각 과마다 단계별로 내용을 구성하여 아이들이 별 어려움 없이 스스로 공부할 수 있습니다.

밝은미래 지식 탐험 시리즈

미래를 꿈꾸는 어린이들은 새로운 지식 세상을 꿈꿉니다. 밝은미래 지식 탐험 시리즈는 아이들이 꼭 알아야 할 지식들을 흥미로운 이야깃거리를 통해 즐겁게 탐험하듯 읽을 수 있습니다.

001 변신 재주꾼 물 이야기

글 프랑소와 미셸 | 그림 로베르 바르보리니 | 옮김 신수경 | 값 8,500원 | 대상 초등 저학년 이상

우리가 사용하는 물에 대한 폭넓은 이야기를 소개하고 있는 지식 책입니다. 물의 성질과 특성, 여러 가지 물, 꼭 필요한 물, 생활 속 물, 지구와 물의 관계 등으로 나누어, 물의 변신을 조곤조곤 들려줍니다. 점점 부족해지는 물의 소중함도 알려 줍니다.

한강 물환경 생태관 방문 기념 증정 도서 선정
한우리독서문화운동본부 선정 도서

002 화끈화끈 불 이야기

글 타나 로이드 카이 | 그림 심차섭 | 옮김 신수경 | 값 9,500원 | 대상 초등 저학년 이상

우리 일상생활에 꼭 필요한 불. 음식을 익힐 때도, 집 안을 따뜻하게 할 때도 불은 꼭 필요합니다. 이 책에서는 일반적인 불의 쓰임을 비롯하여 불의 역사와 불을 이용한 여러 가지 도구들, 불의 위험성 등 불에 대한 다양한 이야기를 풀어내고 있습니다.

미래문고 시리즈

001 울어 버린 애국가
글 이규희 | 그림 이관수 | 값 9,000원 | 대상 초등 중학년 이상

002 숲이 사라지고 있다
글 주경희 | 그림 봉일천 | 값 7,500원 | 대상 초등 중학년 이상

003 네 손가락의 피아니스트 희아의 두 번째 일기
글 이희아 | 그림 김경복 | 값 8,500원 | 대상 초등 중학년 이상

소녀 안전 백과 시리즈

아동 범죄는 물론 안전사고에 대해 알려 주는 학습 만화 시리즈. 여자아이들이 일상생활에서 처할 수 있는 위기 상황에 어떻게 대처해야 하는지를 쉽고 재미있게 구성하였습니다.

001 넌 나의 보디가드야!
글 오렌지 | 그림 은서영 | 값 9,000원 | 대상 초등 전 학년

요즘 텔레비전을 보면 어린이들의 납치, 폭행 등 무서운 범죄들이 많습니다. 이 책은 여자아이들이 일상생활에서 처할 수 있는 위험 상황에서 스스로 대처할 수 있는 방법을 알려 줍니다. *(성범죄 예방법 수록)*

태국 저작권 수출 도서

002 위기 탈출 핑크 수호대 ❷ 내 남자 친구를 지켜라!
글 오렌지 | 그림 은서영 | 값 9,000원 | 대상 초등 전 학년

연예인처럼 살을 확 빼고 싶은 아이, 음료수에 호기심을 가진 아이, 남자 친구를 사귀고 싶은 아이 등 사춘기를 겪고 있는 요즘 아이들의 고민을 만화로 재미있게 구성하였습니다. *(사춘기 올바른 성 지식 수록)*

태국 저작권 수출 도서

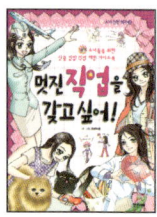

003 멋진 직업을 갖고 싶어!
글·그림 오렌지툰 | 값 9,000원 | 대상 초등 전 학년

아직 자신의 재능을 찾지 못해 미래 꿈을 정하지 못한 소녀들을 위한 자기 계발 학습 만화. 스튜어디스, 애견 미용사 등 어린이들이 지향하는 직업의 특징과 더불어 우리의 안전을 책임지는 경호원, 프로파일러 등의 미래 유망 직업도 함께 소개하고 있습니다. *(미래 유망 직업 수록)*

태국 저작권 수출 도서

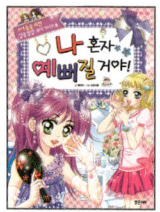

004 나 혼자 예뻐질 거야!
글 배아이 | 그림 오렌지툰 | 값 9,000원 | 대상 초등 전 학년

아이들의 흥미를 돋우는 재미있는 이야기와 함께 귀에 쏙쏙 들어오는 뷰티 팁! 연약한 피부 보호하는 법, 안전한 액세서리 고르는 법, 멋지고 예쁘게 옷 입는 법, 다이어트에 좋은 음식과 운동법 등의 뷰티 팁은 초등 여자 아이들에게 딱 맞는 뷰티 가이드입니다.
(건강하고 올바른 뷰티 팁 수록)

서바이벌 과학 추리 만화 시리즈

크고 작은 사건과 사고가 발생할 때마다 경찰, 과학 수사대 등이 출동하는데, 이들이 사건을 수사하고 해결하는 데 밑바탕이 되는 것이 바로 '과학'이랍니다. 이 시리즈는 이러한 사건을 과학의 어떤 원리로 해결되는지 보여 줍니다.

001 CSI 어린이 과학 수사대 ❶ 방화범을 잡아라!
구성 에듀코믹 | 글 홍용훈 | 그림 임해봉 | 값 9,000원 | 대상 초등 전 학년

초보 수사대 넘버원과 함께하는 아슬아슬, 흥미진진한 과학 수사 이야기. 과학 히어로 넘버원과 어린이 소방대원들, 소방대원 강인 팀장과 유나 팀장 등 개성 만점의 캐릭터들이 연쇄 방화범을 찾아 나가는 과정을 만화로 흥미롭게 구성하였습니다.

태국 저작권 수출 도서

002 CSI 어린이 과학 수사대 ❷ 위기 일발 어린이 실종 사건
구성 에듀코믹 | 글 홍용훈 | 그림 임해봉 | 값 9,000원 | 대상 초등 전 학년

초보 수사대 넘버원과 함께하는 아슬아슬하고 흥미진진한 과학 수사 이야기. 과학 히어로 넘버원과 어린이 수사 대원 용기와 지혜, 열혈 고문 유미 선생님 등 개성 만점의 캐릭터들이 학교에서 발생하는 미스터리 사건과 어린이 실종 사건을 멋지게 해결해 나갑니다.

태국 저작권 수출 도서

위기 탈출 넘버원 서바이벌 퀴즈 대백과

KBS에서 방영 중인 〈위기 탈출 넘버원〉의 내용을 바탕으로 한 안전 상식 백과입니다. 재미있는 퀴즈 형식을 통해 생활 속에서 무심코 지나칠 수 있는 안전사고에 대한 예방법과 대처법을 배울 수 있고, 교통사고, 화재 등 예기치 못한 상황에서 안전하게 대피할 수 있는 요령을 알려 줍니다.

001 위기 탈출 넘버원 서바이벌 퀴즈 대백과 ❶, ❷
글 홍용훈 | 그림 에듀코믹 | 값 각 권 9,000원 | 대상 초등 전 학년

식중독에 걸려 탈수 현상이 일어났을 때는? 최근 증가한 어린이 화상의 종류는? 아파트 발코니에서 추락 사고가 많이 일어나는 이유는? 85가지 위기 탈출 문제를 하나하나 풀어 가며 나 자신은 물론 친구들과 가족, 이웃의 안전을 지키는 안전 지킴이가 될 수 있습니다.

제1회, 제2회 대한민국 어린이 안전퀴즈대회 협찬 도서

걸어서 세계 속으로 시리즈

한 걸음 한 걸음 천천히 걷는 순수한 여행자의 시각으로 세계 여러 나라의 역사와 문화를 소개하고 있는 아동 학습 만화 〈걸어서 세계 속으로〉는 가볍지 않으면서도 아이들도 쉽게 다가갈 수 있는 도서입니다.

001 걸어서 세계 속으로 ❶ 중국 편
글 오정은 | 그림 유희석 | 값 9,500원 | 대상 초등 전 학년

지구 육지 면적의 6.5%라는 어마어마한 땅을 가지고 있는 나라, 세계 최고의 13억이라는 인구를 자랑하는 나라, 중국. 만화 속 주인공들을 따라 중국의 곳곳을 함께 돌아다니다 보면 유명 유적지는 물론 중국의 역사, 문화 등을 학습 할 수 있답니다.

002 걸어서 세계 속으로 ❷ 일본 편
글 오정은 | 그림 유희석 | 값 9,500원 | 대상 초등 전 학년

가깝지만 먼 이웃 나라 일본의 문화를 들여다보면 우리나라와 밀접한 관계가 있음을 알 수 있습니다. 오사카 성, 아사쿠사의 산사와 같은 일본의 과거, 하라주쿠 거리, 하코다테의 라면 골목, 일본의 스모, 야구, 마쓰리 등 일본의 문화를 재미있는 만화로 구성하였습니다.

1박 2일 시리즈

우리나라의 숨어 있는 명소를 찾아다니며 그 지역의 특징과 아름다운 풍경을 보여 주는 TV 시리즈 〈1박 2일〉을 어린이들의 눈높이에 맞게 만화로 꾸며 재미와 지식을 함께 담았습니다.

001 1박 2일 ❶ 울릉도·독도 편   002 1박 2일 ❷ 백두산 편   003 1박 2일 ❸ 서울 편
글 류대영 | 그림 강신영 | 값 각 권 9,000원 | 대상 초등 전 학년

환경 만화 시리즈

만화로 보는 **툭탁툭탁 숲 이야기**
❶ 불타는 숲을 구출하라! ❷ 사라진 숲을 찾아라!

원작 산림청 | 글·그림 오파츠 | 값 각 권 9,500원 | 대상 초등 전 학년

다소 어렵고 딱딱하게 느껴질 수 있는 다양한 산림 정보를 만화로 구성하여, 초등학생부터 청소년까지 쉽고 재미있게 읽을 수 있습니다. 만화 스토리를 따라 읽다 보면, 어느새 우리 주변을 둘러싸고 있는 숲과 자연에 대해서 배우게 될 것입니다.

학습 퍼즐 시리즈

초등학교 교과서에 나오는 낱말을 모두 뽑아 재미있는 퍼즐 놀이로 엮은 시리즈입니다. 문장의 첫 단위인 낱말을 이해하면 자연스럽게 어휘력이 향상되고 학습 능력이 향상됩니다.

001 퍼즐로 배우는 교과서 낱말 1-1/1-2

글 드림나무 | 그림 조윤혜, 심차섭 | 값 각 권 7,000원 | 대상 초등 전 학년

다양한 퍼즐로 학습 개념을 익혀 학년별 교과 내용을 한 권으로 살펴볼 수 있도록 구성했습니다. 퍼즐 사이사이에는 꼭 알아두어야 할 중요한 주제를 뽑아 쉽고 재미있는 '학습 재미 더하기'로 구성했습니다.

002 퍼즐로 배우는 교과서 낱말 2-1/2-2

글 드림나무 | 그림 조윤혜, 심차섭 | 값 각 권 7,000원 | 대상 초등 전 학년

전 교과서의 핵심 내용만을 뽑은 후, 관련 낱말로 단계별 퍼즐을 구성하였습니다. 각 퍼즐마다 해당 교과서의 쪽수를 표시하여 스스로 문제를 풀어 볼 수 있도록 했습니다.

003 퍼즐로 배우는 교과서 낱말 3-1/3-2 (곧 나옵니다.)

글 드림나무 | 그림 송아람 외 | 값 각 권 7,000원 | 대상 초등 전 학년

004 두뇌의 힘을 키우는 논리 퍼즐 스도쿠

글 스도쿠매니아 | 그림 박주희 | 값 6,000원 | 대상 초등 전 학년

가로세로 9줄씩 겹치지 않도록 숫자를 하나씩 배열하는 숫자 퍼즐! 스도쿠는 두뇌 계발에 도움을 줍니다. 초보자를 위한 100여 개의 문제가 수록되어 있고, 문제를 하나씩 풀 때마다 난이도가 높아집니다.

페넬로페 지식 그림 동화 (전12권)

내 아이에게 필요한 지식을 선물하세요!

'깜빡이 페넬로페'가
'똑똑이 페넬로페'로 성장하는 비밀,
여기에 다 있어요!

- 프랑스 갈리마르 출판사의 명품 지식 그림책
- 유럽 및 일본, 미국 등지에서 사랑 받는 페넬로페 그림책
- EBS애니메이션 방영 화제작
- 3~6세가 반드시 알아야 할 지식 수록

· 구성 : 양장본 / 각 권 32쪽 / 값 : 각 권 7,000원

옛날이야기처럼 재미있는 아티코스의
그리스 신화 (전12권)

2011년 새롭게 번역 출간된 어린이를 위한 그리스 신화 100편

* 화려하고 재치 넘치는 일러스트   * 그리스가 한눈에 보이는 듯 생생한 신화 여행
* 초등학생이 알아야 할 명화 수록 · 구성 : 각 권 100쪽 내외 · 값 : 각 권 8,000원 / 세트 정가 96,000원

밝은미래 주소 서울시 마포구 서교동 395-126 **전화** (02)322-1612~3 **팩스** (02)322-1085 **홈페이지** www.bmirae.com

초등학생의 공부 습관을 잡아 주는
자기주도 공부 비법

초등학생의 공부 습관을 잡아 주는
자기주도 공부 비법

기초 튼튼 1학년 1등 국어

초판 1쇄 발행 | 2011년 3월 10일
초판 2쇄 발행 | 2011년 3월 20일

글 | 공덕희·허기윤   그림 | 공덕희

펴낸이 | 도승철
펴낸곳 | 밝은미래
등록 | 2005년 5월 2일 (제105-14-87935호)
주소 | 서울 마포구 서교동 395-126
전화 | 322-1612~3   팩스 | 322-1085
밝은미래 홈페이지 | http://www.bmirae.com

편집 주간 | 현민경
편집부 | 김민애   디자인 | 김지언
영업부 | 박치우   경영지원 | 강정희   해외저작권 | 신수경

ISBN 978-89-6546-036-7 13590
ISBN 978-89-6546-035-0 (세트)

ⓒ공덕희·허기윤·밝은미래, 2011

※ 책값은 뒤표지에 있습니다.
※ 이 책 내용의 일부 또는 전부를 재사용하려면 반드시 저작권자와 출판사 양측의 동의를 얻어야 합니다.

 신 나는 책가방 03

초등학생의 공부 습관을 잡아 주는
자기주도 공부 비법

기초 튼튼 1등 국어 1학년

공덕희 · 허기윤 글 | 공덕희 그림

밝은미래

어린이 여러분

안녕! 〈기초 튼튼 1학년 1등 국어〉로
만나게 되어 정말 반가워!

애들아, 너희들은 국어 공부 좋아하니? 너무 뻔해서 지겹다고?
말을 배우고 글자를 익히는 일은 기본적이면서 아주 중요한 일이야.
생각해 봐. 만일 내가 말을 하지 못한다면?
만일 내가 글을 알지 못하고 평생을 살아간다면?
우린 태어나서 사람들과 어울리며 사회생활을 하게 돼.
하지만 어렸을 때 배운 말만으로는 사회생활을 제대로 할 수 없어.
이 세상에는 우리가 모르는 다양한 말들이 너무 많기 때문이야.

이제 우린 학교에서 '공부'를 하게 되는데,
글자를 익히는 것이 공부의 시작이야.
우리가 배우게 될 국어, 수학, 사회, 과학 등
모든 교과서는 글자로 가득하지.
신문과 인터넷도 글자를 모르면 전혀 읽을 수 없어.

〈기초 튼튼 1학년 1등 국어〉는 모든 공부의 기본이 되는 글자를 익히고,
시도 쓰고, 일기도 쓰고, 동화도 쓸 수 있도록 만들었단다.
무엇보다 국어를 잘할 수 있게 도와주는 책이지.
국어를 잘해야 수학 문제를 잘 이해할 수 있게 되고,
영어도 잘할 수 있어.

이처럼 모든 배움의 기본인 '글공부'를 〈기초 튼튼 1학년 1등 국어〉와
함께해 보지 않을래? 옷을 입을 때 첫 단추를 잘 꿰어야 하듯
국어 공부도 재미있게 배우기 시작하면,
결코 지루한 과목이 아니라 가장 흥미로운 공부가 될 거야.
자, 그럼 우리 함께 책 속으로 들어가 볼까?
〈기초 튼튼 1학년 1등 국어〉와 함께 출발!

— 공덕희, 허기윤

차례

어린이 여러분 ··· 8

1. **자음과 모음을 알아요** ··· 12
   - 쓰기 1-1 2단원

2. **받침 있는 글자를 알아요** ··· 20
   - 쓰기 1-1 2단원

3. **바르게 소리 내어 읽을 수 있어요** ··· 28
   - 쓰기 1-2 2단원

4. **임자말과 풀이말을 익혀요** ··· 36
   - 쓰기 1-1 전 단원

5. **문장 부호의 쓰임을 알아요** ··· 44
   - 읽기 1-1 3단원

6. **이어 주는 말을 익혀 보아요** ··· 52
   - 쓰기 1-1 전 단원

7. **토씨를 정확하게 쓸 수 있어요** ··· 60
   - 쓰기 1-1 전 단원

8. **때를 나타내는 말을 알아요** ··· 68
   - 듣기·말하기 1-2 1단원

9. 꾸미는 말을 익혀 보아요 ··· 76
   쓰기 1-1 2단원

10. 흉내말을 사용할 줄 알아요 ··· 84
    읽기 1-2 1단원

11. 문장을 올바르게 쓸 수 있어요 ··· 92
    쓰기 1-1 2단원

12. 누가, 언제, 어디서, 무엇을 했는지 알 수 있어요 ··· 100
    읽기 1-1 5단원

13. 동시를 쓸 수 있어요 ··· 108
    쓰기 1-2 7단원

14. 그림일기를 쓸 수 있어요 ··· 116
    쓰기 1-2 1단원

15. 소개하는 글을 쓸 수 있어요 ··· 124
    쓰기 1-2 5단원 / 듣기·말하기 1-2 5단원

16. 이야기를 만들 수 있어요 ··· 132
    듣기·말하기 1-2 7단원 / 쓰기 1-2 7단원 / 읽기 1-2 7단원

학부모 가이드 ··· 140
기초 튼튼 1등 국어 정답 및 해설 ··· 143
   부록 틀리기 쉬운 우리말 ··· 154

1 자음과 모음을 알아요

쓰기 1-1 2단원

자음과 모음이 만나 글자가 만들어지는 것을 알 수 있어요.
원리만 알면 어떤 글자든 만들 수 있어요.

나는 민우입니다

내 이름은 강민우입니다.
미래 초등학교 1학년 2반이지요.

우리 학교에는 교무실도 있고, 교장실도 있어요.
커다란 강당도 있고, 도서실도 있어요.

운동장에는 축구장도 있고, 미끄럼틀도 있어요.
고운 모래가 있는 놀이터도 있어요.

tip

우리말은 자음과 모음이 만나 만들어져요. 'ㄴ'(자음)과 'ㅐ'(모음)가 만나 '내'가 되고, 'ㅇ'(자음)과 'ㅜ'(모음)가 만나 '우'가 되지요.
- ㄹ(자음)+ㅣ(모음)=리
- ㄷ(자음)+ㅗ(모음)=도
- ㅌ(자음)+ㅓ(모음)=터

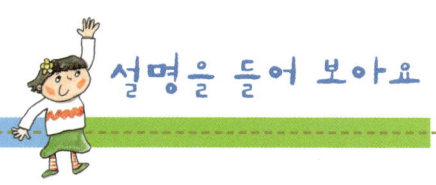 

설명을 들어 보아요

우리말에는 자음자와 모음자가 있어요.
순서에 맞게 자음자와 모음자 쓰는 법을 알아보아요.

✏️ 자음자를 어떻게 쓰고 읽는지 알아보고, 따라 써 보세요.

ㄱ	ㄴ	ㄷ	ㄹ	ㅁ	ㅂ	ㅅ
기역	니은	디귿	리을	미음	비읍	시옷

ㅇ	ㅈ	ㅊ	ㅋ	ㅌ	ㅍ	ㅎ
이응	지읒	치읓	키읔	티읕	피읖	히읗

✏️ 모음자를 어떻게 쓰고 읽는지 알아보고, 따라 써 보세요.

ㅏ	ㅑ	ㅓ	ㅕ	ㅗ	ㅛ	ㅜ	ㅠ	ㅡ	ㅣ
아	야	어	여	오	요	우	유	으	이

스스로 해 보아요

✏️ 자음자를 바르게 읽은 동물 친구를 찾아 동그라미 해 보세요.

✏️ 다영이의 생일이에요. 친구들과 맛있는 음식을 먹어요. 아래 그림을 보며 낱말을 따라 써 보아요.

더 알아보아요

✏️ 그림을 보고 네모 안에 들어갈 알맞은 낱말을 보기에서 골라 써 보세요.

사자가 ☐☐ 를 부릅니다.

곰이 ☐☐☐ 를 칩니다.

원숭이가 ☐ 을 춥니다.

기린이 ☐☐☐ 을 먹습니다.

보기   춤   노래   피아노   나뭇잎

글 놀이터

숨은 글자 찾기 놀이

공원에 숨어 있는 자음자와 모음자를 찾아보세요. 자음자는 빨간색 으로, 모음자는 노란색 으로 색칠해 보세요.

도전 백점

1 다음 빈칸에 알맞은 자음자를 쓰고 읽어 보세요.

ㄱ	ㄴ			ㅂ	ㅅ
기역		리을			

	ㅈ		ㅋ	ㅌ	ㅍ	
		치읓			피읖	히읗

2 'ㅏ'부터 'ㅣ'까지 모음자를 차례대로 쓰고 읽어 보세요.

	ㅑ		ㅕ	
아	야	어	여	오

ㅛ		ㅠ		ㅣ
요	우	유	으	이

3 다음 중 자음자를 잘못 읽은 것을 골라 보세요.

① ㅁ – 미음　　② ㅊ – 치읓
③ ㅂ – 비읍　　④ ㅋ – 키역
⑤ ㄷ – 디귿

받아쓰기

✏️ 친구가 받아쓰기를 했어요. 틀린 곳을 고쳐 주세요.

쓰기 1-1 1~2 단원

월	일	점수	60

1. 시계 ➡
2. 나무
3. 운동장
4. 계단 ➡
5. 나비
6. 노래
7. 딸기
8. 구멍
9. 소푼 ➡
10. 전하번호 ➡

2 받침 있는 글자를 알아요

쓰기 1-1 2단원

우리말은 자음과 모음이 만나서 만들어지는 매우 과학적인 글자입니다.
어떻게 만들어지는지, 또 받침 있는 글자는 어떻게 쓰는지 알 수 있어요.

고마운 지렁이

민우가 학교 가는 길에 지렁이를 보았어요.
지렁이들이 모여서 이야기하고 있나 봐요.

꿈틀꿈틀 지렁이는 어디로 가고 있을까요?
지렁이는 어떻게 길을 찾아다닐까요?

촉촉이 젖은 땅속으로 기어들어가면 지렁이가 사는 집이 나올까요?
동물의 똥을 먹고 살며 땅을 기름지게 해 주고
깨끗하게 청소도 해 주는 환경 운동가 지렁이를
여러분은 알고 있나요?

> **tip**
> 우리말은 자음과 모음 그리고 자음이 만나 만들어지기도 합니다.
> '학'은 ㅎ(자음)+ㅏ(모음)+ㄱ(자음)으로 만들어졌고,
> '젖'은 ㅈ(자음)+ㅓ(모음)+ㅈ(자음)으로 만들어졌지요.
> · 길=ㄱ(자음)+ㅣ(모음)+ㄹ(자음)
> · 운=ㅇ(자음)+ㅜ(모음)+ㄴ(자음)

우리말에는 '이야기', '아기'처럼 받침이 없는 낱말도 있지만 '지렁이', '집'처럼 받침이 있는 낱말도 있습니다. 자음과 모음에 다시 자음이 와서 받침을 이루는 글자를 배워 보아요.

자음과 모음이 만나 어떤 글자가 만들어지는지 살펴보세요.

★ 받침이 없는 경우 : 자음+모음

★ 한 글자만 받침이 있는 경우 : (자음+모음+자음) (자음+모음)

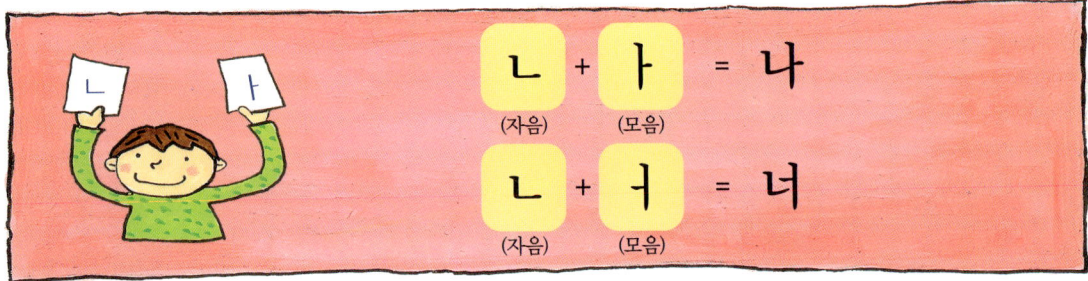

★ 두 글자 모두 받침이 있는 경우 : (자음+모음+자음) (자음+모음+자음)

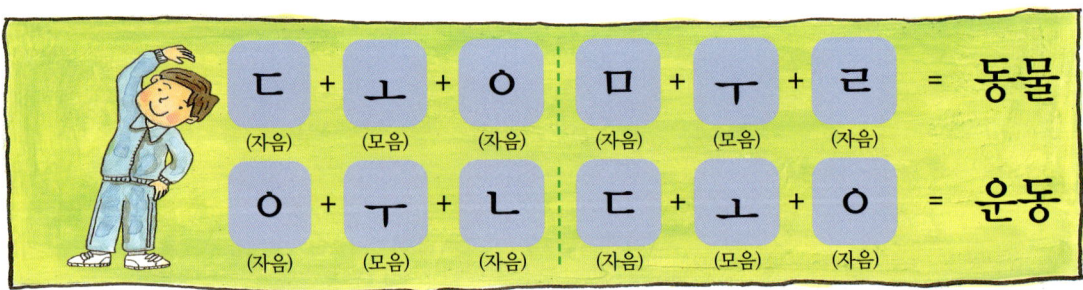

스스로 해 보아요

✏️ 자음과 모음이 만나서 글자가 만들어져요. 다음 빈칸에는 무슨 글자가 들어가는지 써 보세요.

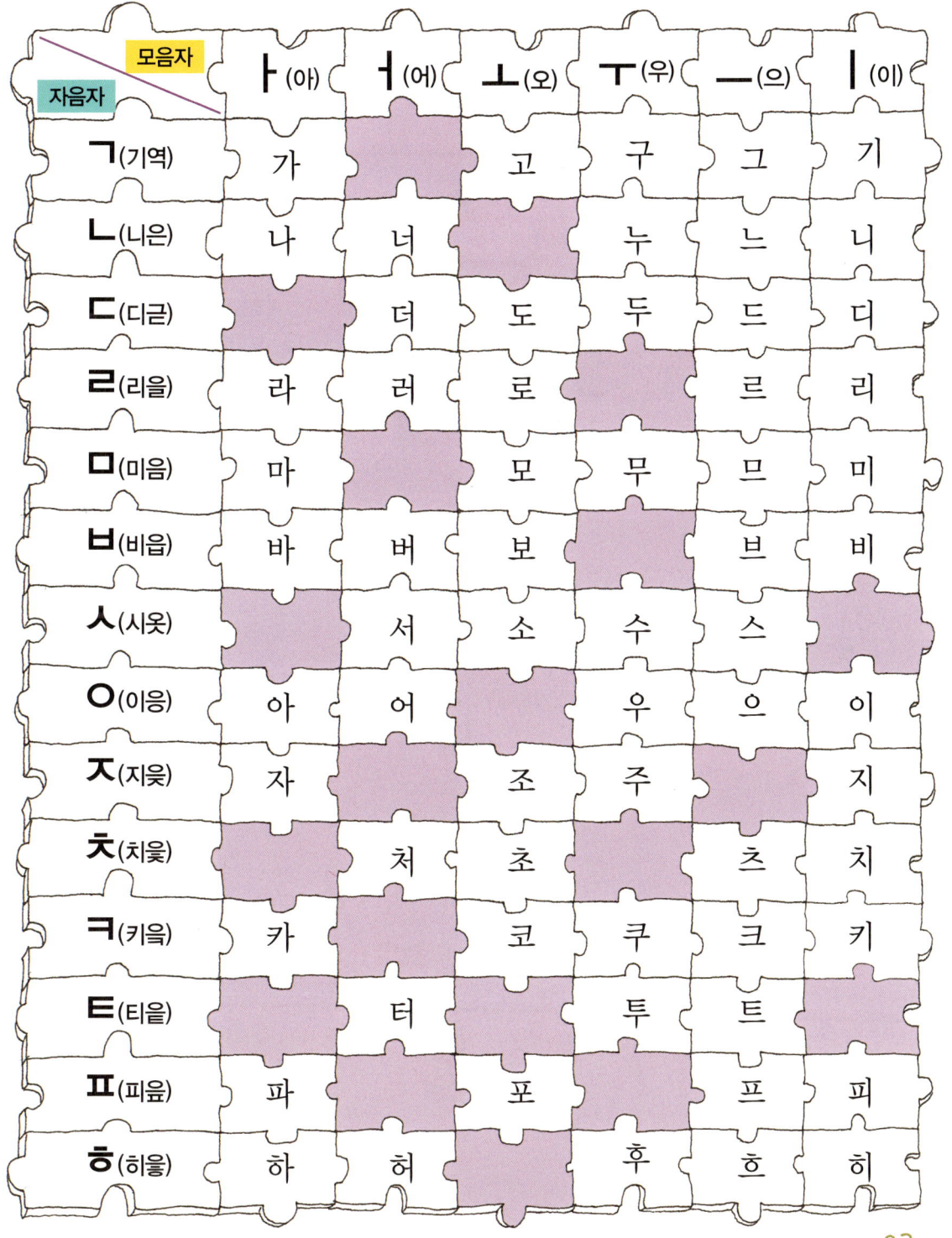

자음자 \ 모음자	ㅏ(아)	ㅓ(어)	ㅗ(오)	ㅜ(우)	ㅡ(으)	ㅣ(이)
ㄱ(기역)	가		고	구	그	기
ㄴ(니은)	나	너		누	느	니
ㄷ(디귿)		더	도	두	드	디
ㄹ(리을)	라	러	로		르	리
ㅁ(미음)	마		모	무	므	미
ㅂ(비읍)	바	버	보		브	비
ㅅ(시옷)		서	소	수	스	
ㅇ(이응)	아	어		우	으	이
ㅈ(지읒)	자		조	주		지
ㅊ(치읓)		처	초		츠	치
ㅋ(키읔)	카		코	쿠	크	키
ㅌ(티읕)		터		투	트	
ㅍ(피읖)	파		포		프	피
ㅎ(히읗)	하	허		후	흐	히

 더 알아보아요

그림 카드를 기계에 넣었더니 낱말이 되어 나왔어요. 그림을 보고 빈칸에 자음과 모음을 차례대로 써 보세요.

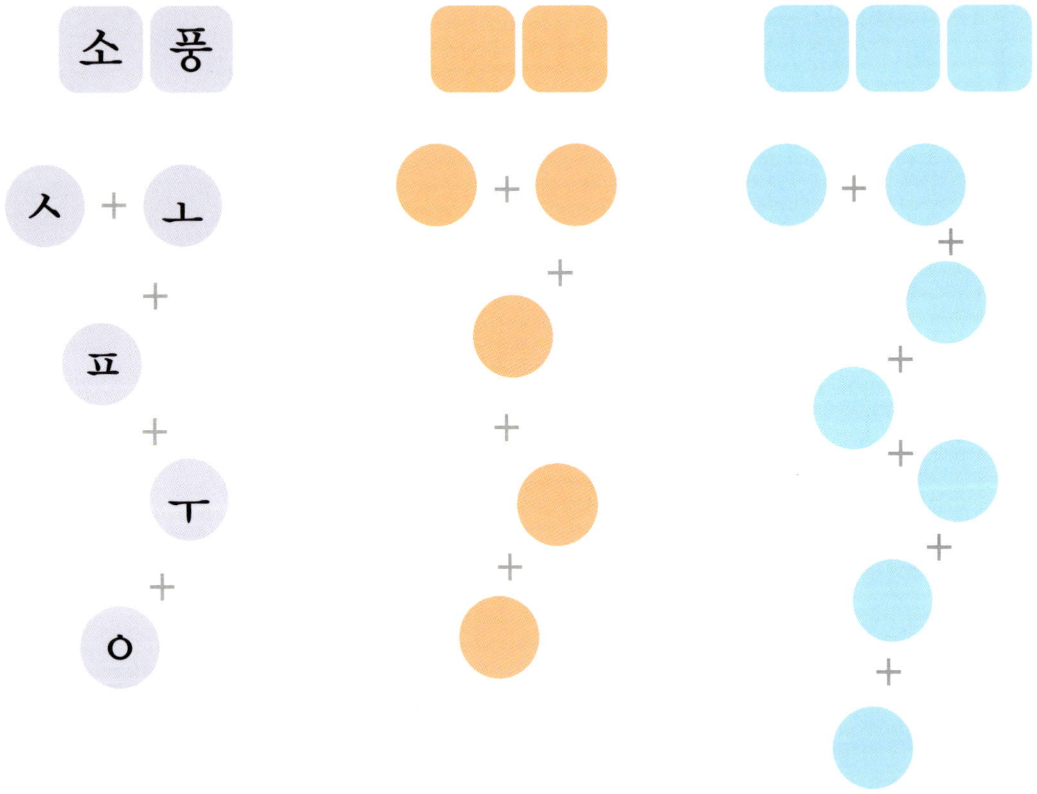

| 소 | 풍 |

ㅅ + ㅗ
+
ㅍ
+
ㅜ
+
ㅇ

24

글 놀이터

✏️ 아래 보기의 낱말 중 받침 있는 낱말은 무엇일까요?
받침 있는 낱말을 골라 징검다리에 써 넣어 시냇물을 건너 보세요.

보기 어머니   구두   사람   나뭇잎   옷   치마   풀

✏️ 위의 낱말을 자음과 모음 차례대로 써 보세요.

• ㅅ + ㅏ + ㄹ + ㅏ + ㅁ

• ☐ + ☐ + ☐ + ☐ + ☐ + ☐ + ☐ + ☐

• ☐ + ☐ + ☐   • ☐ + ☐ + ☐

도전 백점

1 보기처럼 자음과 모음이 만나 이루는 낱말을 빈칸에 써 보세요.

보기 ㄱ + ㅏ = 가
      ㅈ + ㅗ + ㄱ = 족   가족

1) ㅅ + ㅣ + ㄴ
   ㅂ + ㅏ + ㄹ

2) ㅈ + ㅜ
   ㅅ + ㅏ
   ㅇ + ㅜ + ㅣ

3) ㅋ + ㅓ + ㅁ
   ㅍ + ㅠ
   ㅌ + ㅓ

2 다음 모음이 들어 있는 낱말을 연결해 보세요.

① ㅏ   •   •   우유
② ㅓ   •   •   아기
③ ㅜ   •   •   해님
④ ㅐ   •   •   머리
⑤ ㅗ   •   •   오이

 받아쓰기

✏️ 친구가 받아쓰기를 했어요. 틀린 곳을 고쳐 주세요.

쓰기 1-1 3단원

월	일	점수	50
1 장난깜	➡		
2 줄넘기	➡		
3 생연필	➡		
4 지우개	➡		
5 색쫑이	➡		
6 생이리야	➡		
7 시냇물	➡		
8 내 칭구	➡		
9 참외	➡		
10 꽃이 피었습니다.			

 바르게 소리 내어 읽을 수 있어요

쓰기 1-2 2단원

 우리말은 쓰는 법과 읽는 법이 다릅니다. 올바르게 쓰는 법만큼 정확하게 읽는 법도 매우 중요해요.

가족을 소개해요

우리 **가족은** 엄마, 아빠, 동생 그리고 나입니다.
내 이름은 민우이고 1학년입니다.
엄마는 선생님이시고, 내가 모르는 것을 잘 가르쳐 주십니다.
아빠는 회사에 다니시고 축구를 좋아하십니다.
유치원에 다니는 동생 민수는 스티커 모으기를 **좋아합니다**.
우리 가족 모두 등산을 좋아합니다.

tip

우리말은 앞 글자의 받침과 뒤에 따라오는 글자의 첫소리에 유의해서 읽어야 합니다. '가족은'은 '족'의 'ㄱ' 받침이 '은'을 만나 [근]이라고 소리가 나면서 [가조근]이라고 읽습니다. '유치원에'는 '원'의 'ㄴ' 받침이 뒤의 글자 '에'와 만나서 [유치워네]라고 읽습니다.
'좋아합니다'는 '좋'의 'ㅎ'이 'ㅇ'을 만나 [조아합니다]라고 읽습니다.

설명을 들어 보아요

우리말은 뒤에 따라오는 글자에 따라 읽는 법이 달라지기도 해요.
올바르게 읽는 법을 배워 보아요.

✏️ 다음 설명을 읽고 어떻게 읽어야 하는지 알아보세요.

◆ 받침이 있는 글자는 뒤에 따라오는 글자의 영향을 받아요.

'사람'의 받침 'ㅁ'이 '은'을 좋아해서 '은' 쪽으로 가 버렸네요.

그래서 사 라 믄 이라고 읽습니다.

✏️ 다음 낱말을 어떻게 읽는지 알아보세요.

◆ '구름이'를 읽어 보세요. 　　◆ '놀이'는 어떻게 읽을까요?

스스로 해 보아요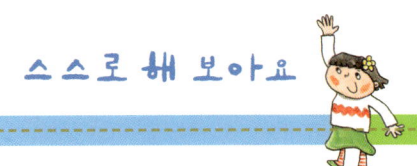

✏️ 아래 낱말을 소리 나는 대로 써 보세요.

구름이 ➡ 구르미

같아요 ➡

맛이 ➡

갔어요 ➡

옷을 ➡

입어요 ➡

✏️ 소리 나는 대로 쓴 낱말을 맞춤법에 맞게 고쳐 보세요.

이씁니다 ➡ 있습니다

등사늘 ➡

축꾸 ➡

나라요 ➡

마심니다 ➡

 더 알아보아요

✏️ 사탕 뽑기 기계에서 나온 낱말을 소리 나는 대로 읽고 써 보세요.

국어
↓
구 거

소식을
↓
소 시 글

바람이
↓
바 라 미

높이
↓
노 피

빙글빙글 눈을 돌려 궁전 속에서 같은 낱말을 찾아 동그라미 해 보세요.
모두 15개가 있답니다.

도전 백점

1 다음 중 올바르게 읽은 것을 고르세요.

　　① 가족은 → 가족는
　　② 민우가 → 민누가
　　③ 좋아합니다. → 조하합니다.
　　④ 등산을 → 등사늘
　　⑤ 재미있어요. → 재미있떠요.

2 틀리게 쓴 글자를 보기처럼 맞게 고쳐 보세요.

　　보기 불근 진달래꽃이 피었습니다 ➡ 붉은

　　1) 친구와 <u>물노리</u>를 했습니다. ➡

　　2) 책을 <u>일거씁니다</u>. ➡

　　3) 태양이 <u>소사</u> 올랐습니다. ➡

　　4) <u>수하글</u> 좋아합니다. ➡

　　5) <u>학꾜</u>에 갑니다. ➡

3 아래 문장에서 바르게 쓴 것을 골라 동그라미 해 주세요.

　　1) 즐거(은 , 운) 소풍

　　2) 무(엇 , 었)이 되고 싶은가요?

　　3) 학교에 (갑 , 감)니다.

 받아쓰기

✏️ 친구가 받아쓰기를 했어요. 틀린 곳을 고쳐 주세요.

쓰기 1-1 3단원

월	일	점수	으

1	씻었습니다.
2	너무 느져서 ➡
3	숙제
4	먹었습니다.
5	숙제도 많은데
6	따스한 봄날
7	정성껏 ➡
8	가꾸었습니다.
9	곡식을 거두어
10	조아했습니다. ➡

4. 임자말과 풀이말을 익혀요

쓰기 1-1 전 단원

 문장에서 주인이 되는 말을 '임자말'이라고 하고, 임자말의 움직임이나 상태를 설명하는 말을 '풀이말'이라고 해요.

소풍

승민이가 소풍을 **가요**.
친구들과 버스를 타니 모두 즐거워 싱글벙글이네요.

놀이동산에 도착했어요.
사람들이 많이 **있습니다**.

하늘을 나는 코끼리도 타고, 범퍼카를 타고 운전도 했어요.
빙글빙글 회전목마도 탔지요.

tip

'승민이가'는 임자말이 되고, '가요'는 풀이말이 됩니다.
'사람들이'는 임자말이고, '있습니다'는 풀이말이지요.

설명을 들어 보아요

문장은 임자말, 풀이말, 꾸미는 말로 이루어져요. 문장은 단어들이 모여서 말하는 이의 생각, 느낌, 사실 등을 나타내는 기본 단위예요.

✏️ 문장의 기본 틀을 알아보세요.

1 무엇이 + 어찌하다 = 임자말의 동작이나 행동
새가 운다.
바람이 분다.

2 무엇이 + 무엇이다 = 임자말을 가리키는 사물
사과는 과일이다.
연필은 학용품이다.

3 무엇이 + 어떠하다 = 임자말의 모양이나 상태
하늘이 파랗다. 꽃이 예쁘다.

tip

임자말 '무엇이(은)'에 해당하는 말 → 새가, 바람이, 사과는, 연필은, 하늘이, 꽃이
풀이말 '어떠하다', '어찌하다', '무엇이다'에 해당하는 말 → 운다, 분다, 과일이다, 학용품이다, 파랗다, 예쁘다
꾸미는 말 임자말과 풀이말을 더 잘 이해할 수 있게 자세히 나타내 주는 말
(9과에서 자세히 배워 보아요.)

스스로 해 보아요

✏️ 아래 그림을 보고 빈칸에 알맞은 낱말을 써 보세요.

① 무엇이 + 어찌하다

개가 짖는다.　　　비가 ☐

② 무엇이 + 무엇이다

나는 ☐　　　수박은 ☐

③ 무엇이 + 어떠하다

고추는 ☐　　　기차는 ☐

> **tip**
>
> 임자말과 풀이말 그리고 꾸미는 말이 자연스럽게 어울려야 좋은 문장이 됩니다.
> '수박은 과일이다'는 '무엇이+무엇이다'에 속하고,
> '수박은 빨갛다'는 '무엇이+어떠하다'에 속한 표현입니다.

 더 알아보아요

✏️ 서로 어울리는 것을 찾아 연결하여 문장을 만들어 보세요.

꽃이 • • 피었습니다.

민희가 • • 헤엄칩니다.

금붕어가 • • 짖습니다.

사탕이 • • 맛있습니다.

강아지가 • • 노래를 부릅니다.

글 놀이터

✏️ 토끼가 숲 속에서 길을 잃었어요. 무사히 집으로 돌아갈 수 있도록 바른 길을 찾아 주세요. 맞는 내용을 따라가면 집에 도착할 수 있어요.

- 눈이 빨갛습니다.
- 훨훨 날아다닙니다.
- 깡충깡충 뛰어다닙니다.
- 뾰족한 뿔이 있습니다.
- 토끼는 다리가 두 개입니다.
- 털이 부드럽습니다.
- 비늘이 있습니다.
- 당근을 좋아합니다.

도전 백점

1. 다음 중 문장 표현이 어색한 것을 고르세요.

   ① 뱀이 기어갑니다.
   ② 나는 여자 어린이입니다.
   ③ 예쁩니다. 꽃잎을
   ④ 닭이 꼬끼오 하고 웁니다.
   ⑤ 소풍을 갑니다.

2. 다음 밑줄에 들어갈 수 없는 말을 고르세요.

   > 보기 민우가 _____

   ① 노래입니다. ② 밥을 먹었습니다. ③ 공부를 합니다.
   ④ 울었습니다. ⑤ 달려갔습니다.

3. 다음 중 임자말이 아닌 것을 고르세요.

   ① 던지다   ② 사과가   ③ 어린이는
   ④ 운동장은 ⑤ 꽃이

4. 빈칸에 어울리는 말은 무엇인지 고르세요.

   > 보기 도둑이 방 안을 _____

   ① 놀았습니다.
   ② 불렀습니다.
   ③ 두리번거렸습니다.
   ④ 대견스러웠습니다.
   ⑤ 기뻤습니다.

 받아쓰기

✏️ 친구가 받아쓰기를 했어요. 틀린 곳을 고쳐 주세요.

읽기 1-1 3~5단원

월	일	점수	2○

1	눈비시 별처럼 ➡
2	초롱이가 보고 싶어.
3	우리 집에 놀러 올래?
4	사이좋게 가요.
5	메뚜기가 날아갈까 봐
6	조마조마하였어요.
7	나는 힘이 세다.
8	괜찮아요. ➡
9	일기장을 찾았다.
10	어제밤에 책을 읽다가 ➡

5 문장 부호의 쓰임을 알아요

읽기 1-1 3단원

 글을 쓸 때는 문장 부호를 함께 써서 그 뜻을 더욱 정확하게 표현할 수 있어요. 같은 문장이라도 문장 부호에 따라 뜻이 달라질 수 있습니다.

학교 가는 길

학교 가는 길에 친구를 만났어요.
"희선아, 안녕?"
"같이 가자! 승정아."
희선이는 승정이와 함께 학교에 갑니다.
"아얏!"
승정이가 돌부리에 걸려 넘어졌어요.
"괜찮아? 많이 다쳤니?"
희선이가 승정이를 일으켜 주면서 물어봅니다.
녹색어머니께서 깃발을 흔들어 주었어요.
"얘들아, 조심해서 건너렴!"
승정이는 그만 눈물이 핑 돌았어요.
'다음에는 길을 걸을 때 한눈팔지 말아야지.'

말을 할 때는 목소리의 높고 낮음으로 의사를 전달할 수 있지만, 글을 쓸 때는 문장 부호가 목소리를 대신해요.

설명을 들어 보아요

문장 부호의 종류는 많아요. 그중 가장 많이 쓰이는 것이 온점(.), 반점(,), 물음표(?), 느낌표(!), 큰따옴표(" "), 작은따옴표(' ')예요.

✏️ 문장 부호가 자기소개를 하고 있어요. 잘 읽고 각각의 쓰임을 알아보세요.

나는 큰따옴표야. 대화체에서 사용하지.

나는 느낌표야. 감탄이나 놀라움, 명령할 때 쓴단다.

나는 온점이야. 설명하는 말이 끝날 때 써.

나는 물음표야. 물어보는 문장 끝에 써.

나는 작은따옴표란다. 마음속 생각을 쓸 때 사용하면 돼.

난 반점이야. 잠깐 쉴 때, 누구를 부를 때 쓴단다.

큰따옴표 느낌표 온점 물음표 작은따옴표 반점

tip

온점은 마침표, 반점은 쉼표라고도 불러요.

스스로 해 보아요

✏️ 문장 부호를 따라서 써 보세요.

. (온점)	, (반점)	! (느낌표)	? (물음표)	" " (큰따옴표)	' ' (작은따옴표)
		!	?	" "	' '
.	,				

✏️ 승정이의 일기예요. 네모 속에 알맞은 문장 부호를 넣어 보세요.

7월 11일 일요일   날씨 선풍기도 에어컨도 소용없을 만큼 덥다.

제목 무서운 꿈

무서운 꿈을 꾸었다 ☐

나도 모르게 큰 소리로 울었다 ☐

☐ 정민아 ☐ 왜 그래 ☐ ☐

어머니께서 놀라서 내 방으로 오셨다 ☐

☐ 휴 ☐ 다행이다 ☐ ☐ 라고 생각했다.

악어가 내 가방을 물고 도망가는 꿈은 정말 끔찍했다 ☐

 더 알아보아요

문장 부호는 쓰임에 따라 의미가 달라지기도 해요. 아래 그림에서 두 사람은 같은 문장을 말하지만 문장 부호에 따라 뜻이 달라졌어요.

 예시 그림을 보고 아래 그림의 상황에 맞게 적당한 문장 부호를 써 보세요.

■ 그림 설명 : 승정이가 학교 가기 싫어서 엄마와 실랑이 중이에요.

■ 그림 설명 : 엄마가 승정이에게 밥을 차려 주고 있어요.

글 놀이터

✏️ 다음 문장을 읽고 알맞은 문장 부호에 동그라미 해 주세요.

① 우리는 동물원에 소풍을 갔습니다 , .

② 우와 ? ! 원숭이가 춤을 추고 재롱을 부립니다.

③ 아가야 , . 아직도 자고 있니?

④ 박쥐는 새일까, 동물일까 . ?

⑤ " ' 내일 선생님께 꼭 여쭤 봐야지. " ' 라고 생각하며 집으로 돌아왔습니다.

도전 백점

1. 문장 부호에 맞는 이름을 선으로 이어 보세요.

   ① !　　•　　　　•　㉠ 온점
   ② .　　•　　　　•　㉡ 반점
   ③ ,　　•　　　　•　㉢ 느낌표
   ④ ?　　•　　　　•　㉣ 작은따옴표
   ⑤ " "　•　　　　•　㉤ 물음표
   ⑥ ' '　•　　　　•　㉥ 큰따옴표

2. 다음은 문장 부호를 설명한 것이에요. 맞게 설명한 것을 고르세요.

   ① ! - 물어볼 때 써요.
   ② . - 대화하는 문장의 앞과 뒤에 쓰지요.
   ③ , - 잠깐 쉴 때 또는 누구를 부를 때 써요.
   ④ ? - 마음속 생각을 나타낼 때 써요.
   ⑤ " " - 깜짝 놀랄 때 써요.

3. 다음 중 문장 부호가 잘못 쓰인 것을 고르세요.

   ① "애야, 병원이 어디 있니?"
   ② 저것은 버스입니까.
   ③ 뛰지 마세요!
   ④ 사과, 배, 감은 과일입니다.
   ⑤ '휴, 다행이다.'

50

받아쓰기

✏️ 친구가 받아쓰기를 했어요. 틀린 곳을 고쳐 주세요.

읽기 1-1 5, 6단원 / 쓰기 1-1 5단원

| 월 | 일 | 점수 | 6<u>0</u> |

1. 공부를 더 열심히 하고
2. 사 주실 것 같지는 않았습니다.
3. 음식을 골고로 먹습니다. ➡
4. 이가 아파서 치과에 갔습니다.
5. 책상을 닦으라고 했습니다.
6. 기분이 나빠습니다. ➡
7. 건강에 나쁩니다.
8. 옌날 옛적에 ➡
9. 멧돌을 훔쳐갔습니다. ➡
10. 하얀 소금이 쏟아져 나왔고

6 이어 주는 말을 익혀 보아요

쓰기 1-1 전 단원

 문장과 문장 사이를 이어 주는 말을 배워요. '그리고', '그래서', '그러나', '왜냐하면'은 우리가 자주 사용하는 이어 주는 말이에요.

어디로 갈까요?

재민이는 놀이 공원에 가고 싶었어요. **왜냐하면** 지난번에 친구가 새로 생긴 놀이 공원에 갔다고 자랑을 했기 때문이에요. **그러나** 엄마와 아빠는 산으로 가자고 했어요. 단풍을 볼 수 있다고요. **그리고** 동생은 바다에 가고 싶다고 합니다. 지난여름, 배를 타고 고래를 보러 갔다가 못 보고 왔기 때문입니다. **그래서** 재민이네 가족은 회의를 시작했습니다. 회의를 해도 쉽게 결정할 수가 없습니다. 결국 아빠는 조그만 쪽지에 바다, 놀이 공원, 산을 적어 커다란 모자 속에 넣었어요. 이제 눈을 꼭 감고 뽑을 차례입니다.

tip
이어 주는 말을 쓸 때는 앞 문장과 다음 문장의 관계에 맞도록 써야 합니다. 위의 글에서 재민이가 놀이 공원에 가고 싶은 이유는 친구가 자랑을 했기 때문이지요? 이유나 원인이 되는 문장과 연결할 때는 '왜냐하면'이라는 이어 주는 말을 써야 해요.

설명을 들어 보아요

이어 주는 말은 두 개 이상의 낱말과 낱말, 문장과 문장을 연결해 줍니다. 이어 주는 말을 사용하면 글의 내용을 더 정확하게 설명할 수 있어요.

그리고 앞 문장과 의미가 같은 문장을 이어 줍니다.
예) 봄에는 개나리꽃이 핀다. 그리고 목련꽃도 핀다.

그러나 앞 문장과 반대되는 의미의 문장을 이어 줍니다.
예) 아침에 학교에 가려는데 갑자기 배가 아팠다. 그러나 학교에 결석하지는 않았다.

그래서 앞 문장의 결과가 되는 문장을 이을 때 사용합니다.
예) 선생님께 칭찬을 받았다. 그래서 기분이 좋았다.

왜냐하면 앞 문장에 대한 원인이 되는 문장을 이을 때 사용합니다.
예) 약속 시간에 늦었다. 왜냐하면 시계가 고장 났기 때문이다.

스스로 해 보아요

✏️ 다음 문장을 이어 주는 말에 주의하며 읽어 보세요.

어머니께서 케이크를 사 오셨다.
그리고 파티도 열어 주셨다.
왜냐하면 내 생일이기 때문이다.
그래서 고마운 마음이 들었다.
그러나 선물은 없었다.

✏️ 이어 주는 말을 알맞게 연결해 보세요.

친구랑 함께 문구점에 갔다.

그리고 / 그래서 / 왜냐하면 / 그러나

공책을 샀다. / 일요일이라서 문을 열지 않았다. / 놀이터에도 갔다. / 줄넘기 줄을 사야 하기 때문이다.

55

# 더 알아보아요

✏️ 이어 주는 말로 두 문장을 자연스럽게 연결할 수 있어요.

예

나는 피아노를 쳤습니다.
나는 노래를 불렀습니다.

➡ 나는 피아노를 쳤습니다. **그리고** 노래를 불렀습니다.

✏️ 빈칸 안에 들어갈 이어 주는 말을 보기에서 골라 써 보세요.

| 보기 | 그러나 | 그리고 | 그래서 | 왜냐하면 |

1. 비가 많이 내렸습니다. _____ 바람이 심하게 불었습니다.

2. 이가 흔들렸습니다. _____ 치과에 갔습니다.

3. 다리를 다쳤습니다. _____ 눈길에 미끄러졌기 때문입니다.

4. 아버지께서 예쁜 구두를 사 주셨습니다.

   _____ 너무 커서 맞지 않았습니다.

tip

그리고 : 문장을 이어 줍니다.
그러나 : 앞 문장과 반대되는 상황이 옵니다.
왜냐하면 : 앞 문장의 원인이 되는 문장이 옵니다.
그래서 : 앞 문장의 결과가 되는 일이 벌어집니다.

글 놀이터

꿀벌들이 이어 주는 말을 하나씩 들고 있어요. 아래 꽃 안의 두 문장을 자연스럽게 이어 주는 말을 찾아 꿀벌들과 연결해 보세요.

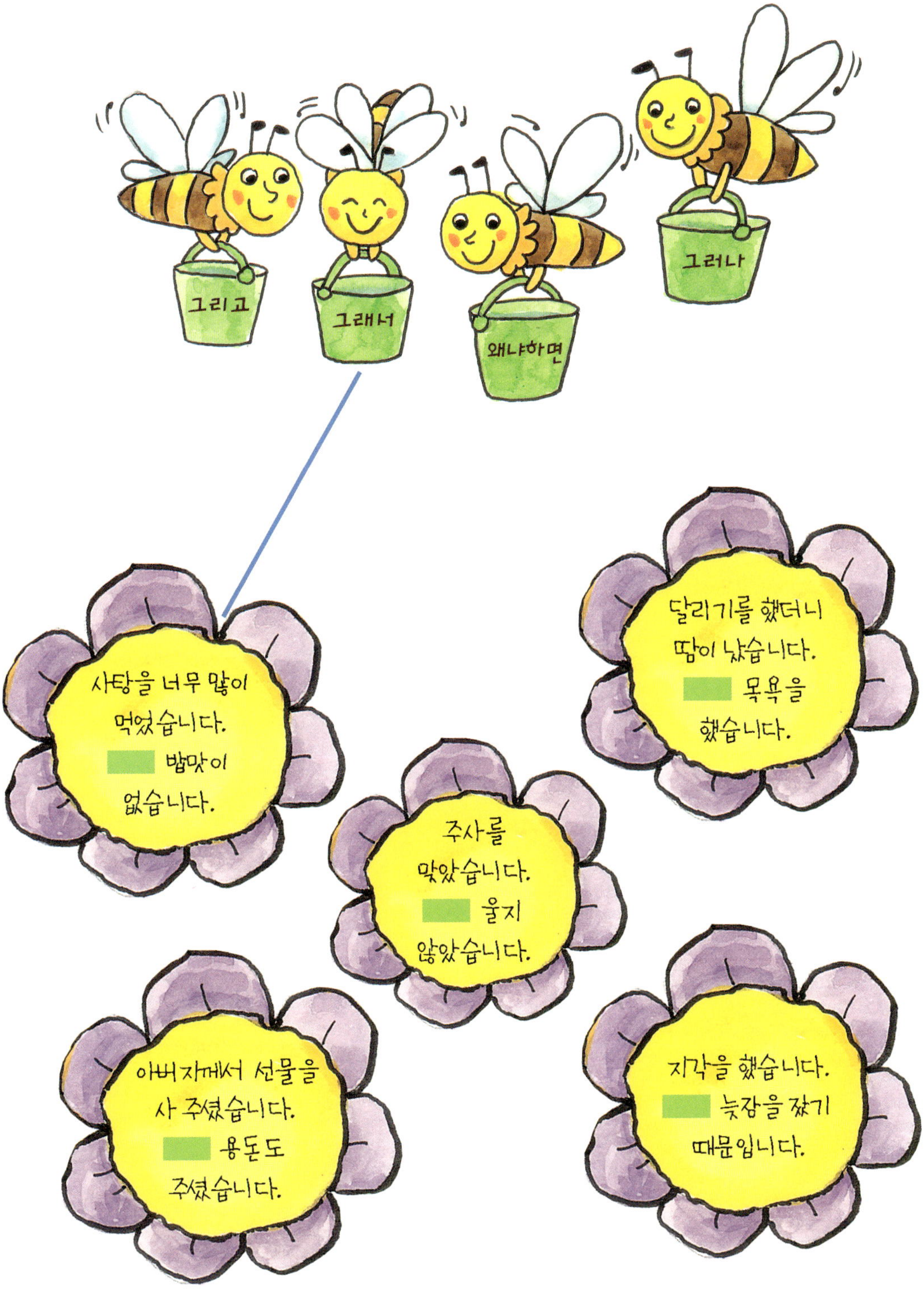

- 그리고
- 그래서
- 왜냐하면
- 그러나

- 사탕을 너무 많이 먹었습니다. ▢ 밥맛이 없습니다.
- 달리기를 했더니 땀이 났습니다. ▢ 목욕을 했습니다.
- 주사를 맞았습니다. ▢ 울지 않았습니다.
- 아버지께서 선물을 사 주셨습니다. ▢ 용돈도 주셨습니다.
- 지각을 했습니다. ▢ 늦잠을 잤기 때문입니다.

도전 백점

■ ( ) 안에 들어갈 이어 주는 말을 보기에서 고르세요. (1~4)

> 보기   ① 그래서   ② 그리고   ③ 왜냐하면   ④ 그러나

1 민수는 축구를 잘합니다. (   ) 잘생겼습니다.

2 공부를 열심히 했습니다. (   ) 100점을 맞았습니다.

3 속이 상했습니다. (   ) 친구들이 놀렸기 때문입니다.

4 주사 맞는 것은 무섭습니다. (   ) 꾹 참았습니다.

5 다음 문장 중 이어 주는 말을 잘못 쓴 것을 고르세요.

① 감기에 걸려서 머리가 아팠다. 그리고 목도 아팠다.
② 달리기를 했다. 왜냐하면 숨이 가빴다.
③ 수업 시간에 떠들었다. 그래서 혼이 났다.
④ 경수는 넘어졌다. 그러나 울지 않았다.
⑤ 선물을 샀다. 왜냐하면 친구 생일이기 때문이다.

받아쓰기

친구가 받아쓰기를 했어요. 틀린 곳을 고쳐 주세요.

읽기 1-1 6단원

월	일	점수	50

1	점점 배 안에 쌓여 갔습니다.
2	쉬지 않코 돌았습니다. ➡
3	기우둥거리기 시작하였습니다. ➡
4	갈아안꼬 말았습니다. ➡
5	빚을 갚기 위하여 ➡
6	어서 기운을 차리세요.
7	너를 어찌 보낸단 말이냐?
8	당장 활을 쏘았을 텐데
9	떡을 몽땅 먹기로 하였어요.
10	눈을 비볐때요. ➡

59

 토씨를 정확하게 쓸 수 있어요

쓰기 1-1 전 단원

 '은', '는', '이', '가', '을', '를'을 토씨라고 불러요. 토씨를 정확하게 쓰는 법을 알아요.

고마워, 주영아!

지난주에 있었던 일이에요. 페트병이랑 색종이가 준비물이었는데 그만 깜빡 잊어버렸어요.
"은지야, 현관에 준비물 가방 잊지 말고······."
엄마는 아침 일찍 출근하시기 때문에 나는 혼자 학교에 갈 준비를 하지요.
다시 집으로 돌아갈 수도 없고 엄마께 전화를 할 수도 없었어요.
'선생님께 혼나겠구나. 어떡하지?'
속상한 마음에 눈물이 찔끔 나왔어요.
"은지야, 왜 그래?"
고개를 들었더니 짝꿍 주영이였어요. 주영이는 내 이야기를 듣더니 학교 재활용장으로 나를 데리고 갔어요.
"걱정 마, 분명히 페트병이 있을 거야.
우리 언니가 5학년인데 재활용장 청소 담당이야."
색종이를 나눠 주고 페트병도 구해 준 주영이에게 고맙다는 말도 제대로 하지 못했어요. 부끄럽기도 하고 쑥스러웠기 때문이에요.

tip

토씨는 여러 낱말로 문장을 만들 때 낱말끼리 어떤 사이인지 알려 주는 역할을 해요. 다른 낱말을 도와주는 거예요. 그래서 '조사'라고도 부릅니다.

설명을 들어 보아요

토씨의 쓰임을 알아보아요. 토씨는 앞 글자의 받침에 따라 다르게 씁니다.

★ 받침이 없는 낱말 뒤에는 '가'를, 받침이 있는 낱말 뒤에는 '이'를 씁니다.

봄이 왔어요.

새가 지저귑니다.

★ 받침 없는 낱말 뒤에는 '는'을, 받침이 있는 낱말 뒤에는 '은'을 씁니다.

비행기는 빠릅니다.

귤은 새콤달콤합니다.

★ 받침 없는 낱말 뒤에는 '를'을, 받침이 있는 낱말 뒤에는 '을'을 씁니다.

기차를 타고 갔습니다.

영하는 수학을 좋아합니다.

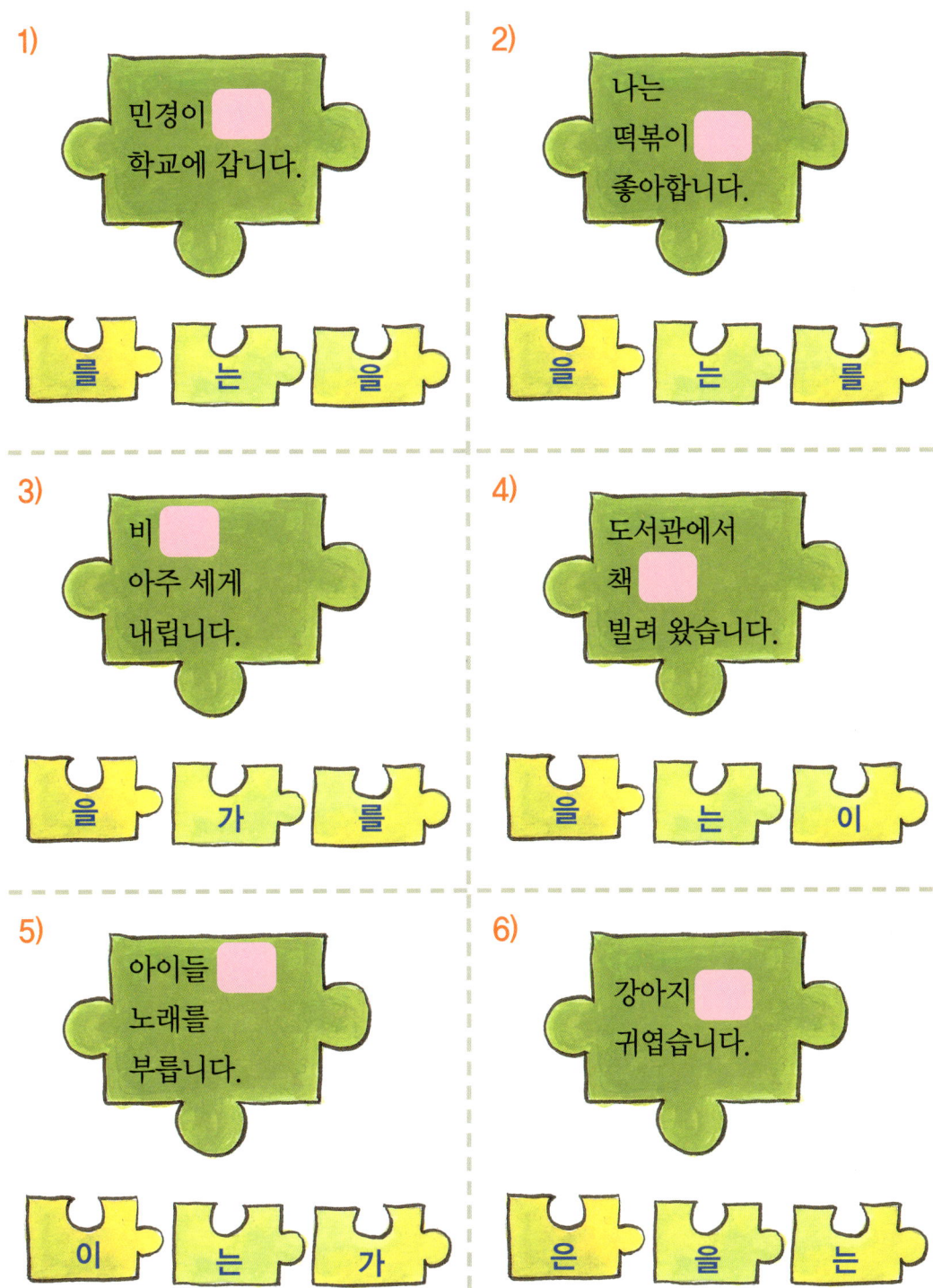

더 알아보아요

✏️ 낱말 기차놀이를 해 볼까요? 빈칸에 적당한 토씨를 보기에서 골라 써 넣으면 기차가 달릴 수 있답니다.

보기 가 은 는 이 를 을

아기 **가** 방글방글 웃어요.

재미있는 영화　　　　보았어요.

맛있는 반찬　　　만들어 주세요.

내 동생　　개구쟁이입니다.

글 놀이터

기린, 원숭이, 토끼가 함께 보물을 찾으러 길을 떠났어요. 풍선 폭탄에서 알맞은 토씨를 골라 동그라미 해 주면 보물이 있는 곳으로 갈 수 있대요. 여러분이 도와주세요.

 도전 백점

1. 다음 문장 중 밑줄 친 부분이 어색한 문장을 고르세요.

   ① 새롬<u>이가</u> 밥을 먹고 있어요.
   ② 선생님<u>을</u> 숙제를 많이 내주셨어요.
   ③ <u>현수가</u> 공을 찼어요.
   ④ 민정이는 <u>자동차를</u> 타고 집에 갑니다.
   ⑤ 나는 <u>엄마를</u> 사랑해요.

2. 다음 문장 중 밑줄 친 토씨가 잘못 쓰인 것을 고르세요.

   ① 참새가 독수리에게 길<u>은</u> 물었습니다.
   ② 아기<u>가</u> 아장아장 걸어옵니다.
   ③ 사과, 딸기, 귤 중에서 딸기<u>가</u> 가장 맛있어요.
   ④ 교실에서는 소리<u>를</u> 지르면 안 됩니다.
   ⑤ 동생<u>이</u> 큰 소리로 울었습니다.

3. 다음 빈칸에 공통으로 들어갈 수 있는 토씨를 고르세요.

   손(　　　) 깨끗이 씻어야 해요.

   수박(　　　) 먹었어요.

   어머니께서 심부름(　　　) 보내셨어요.

   ① 이   ② 가   ③ 를   ④ 을   ⑤ 는

받아쓰기

✏️ 친구가 받아쓰기를 했어요. 틀린 곳을 고쳐 주세요.

읽기 1-1 6단원 / 쓰기 1-1 6단원

월	일	점수	

1. 동생이 하품을 한다.
2. 빨가케 익은 수박 속 ➡
3. 까맣게 잘 익은 수박씨
4. 병으로 도라가셨어요. ➡
5. 산 너머 있는 부자네 집으로
6. 군침이 저절로 돌았습니다.
7. 조금씩 밖으로 떨어져 나왔습니다.
8. 기운이 쏙 빠졌습니다.
9. 천천이 다시 한 번 ➡
10. 항상 머리를 글쩍이는 ➡

 때를 나타내는 말을 알아요

> 듣기·말하기 1-2 1단원

 말하는 시점을 기준으로 과거, 현재, 미래를 나타내는 표현법을 익혀요.

민희의 일기

어제는 가만히 앉아 있기만 해도 땀이 뻘뻘 날 정도로 **더웠어요**.
햇빛이 너무 뜨거워서 그늘 아래로만 **걸어다녔어요**.
나무에 숨어 맴맴거리는 매미는 덥지 않을까요?
가만히 눈을 감고 떠올려 **보았어요**.
온 가족이 놀이동산에 갔는데 물 썰매도 있고
물 미끄럼대도 있고 파도타기도 할 수 **있었어요**.
처음에는 빙글빙글 도는 미끄럼대에서 떨어질까 봐
얼마나 무서웠는지 아빠 등에 꼭 붙어서 **탔답니다**.
하지만 너무 재미있어서 자꾸자꾸 탔어요.
놀이동산에서 있었던 일을 생각하니 방긋 웃음이 **나요**.
내일도 또 생각**할 거예요**.

> **tip**
> '어제', '오늘', '내일' 등 때를 나타내는 낱말을 쓰면 언제 있었던 일인지 정확하게 설명할 수 있지만, 그렇지 않은 경우에는
> '-웠', '-았', '-할' 등을 써서 때를 나타낼 수 있어요.

설명을 들어 보아요

말하는 시점을 기준으로 그 전에 일어난 일을 과거, 지금 일어나고 있는 일을 현재, 앞으로 일어날 일을 미래라고 합니다.

✏️ 다음 글을 읽으며 때를 나타내는 말을 알아보세요.

과거 : 어떤 일이 이미 일어난 경우예요.
'보았다', '먹었다', '갔다' 등
'-았', '-었'을 사용해요.
예 학교에 갔다. 밥을 먹었다.

현재 : 지금 그 행동이 일어나는 경우를 말해요.
'-는', '-ㄴ' 또는 '-고 있다'로 표현하지요.
예 학교에 간다. 밥을 먹는다. 영화를 본다.

미래 : 앞으로 일어날 일이에요.
'-ㄹ 것이다.'로 끝나지요.
예 학교에 갈 것이다. 밥을 먹을 것이다.

스스로 해 보아요

친구들이 모두 자기 이야기를 하고 있어요. 그런데 어제 일어난 일인지, 지금 일어난 일인지, 내일 할 일인지 알 수가 없네요. 친구들의 이야기를 잘 들어 보고 갈매기와 물고기를 바르게 연결해 보세요.

더 알아보아요

아래 문장과 어울리는 표현은 무엇일까요? 사다리를 타고 내려가 알맞은 문장을 보기에서 골라 번호를 써 보세요.

- 나는 내일 자전거를
- 엄마는 지금 회사에
- 아버지께서 어젯밤에
- 선생님께서 음악을
- 할머니께서 내일

보기
① 탈 것입니다. ② 틀어 주십니다.
③ 선물을 사 오셨습니다. ④ 오실 것입니다. ⑤ 계십니다.

달팽이 색칠하기

달팽이 몸에 과거, 현재, 미래가 다 모여 있네요. 과거는 노란색, 현재는 빨간색, 미래는 파란색으로 색칠해 예쁜 달팽이를 만들어 보세요.

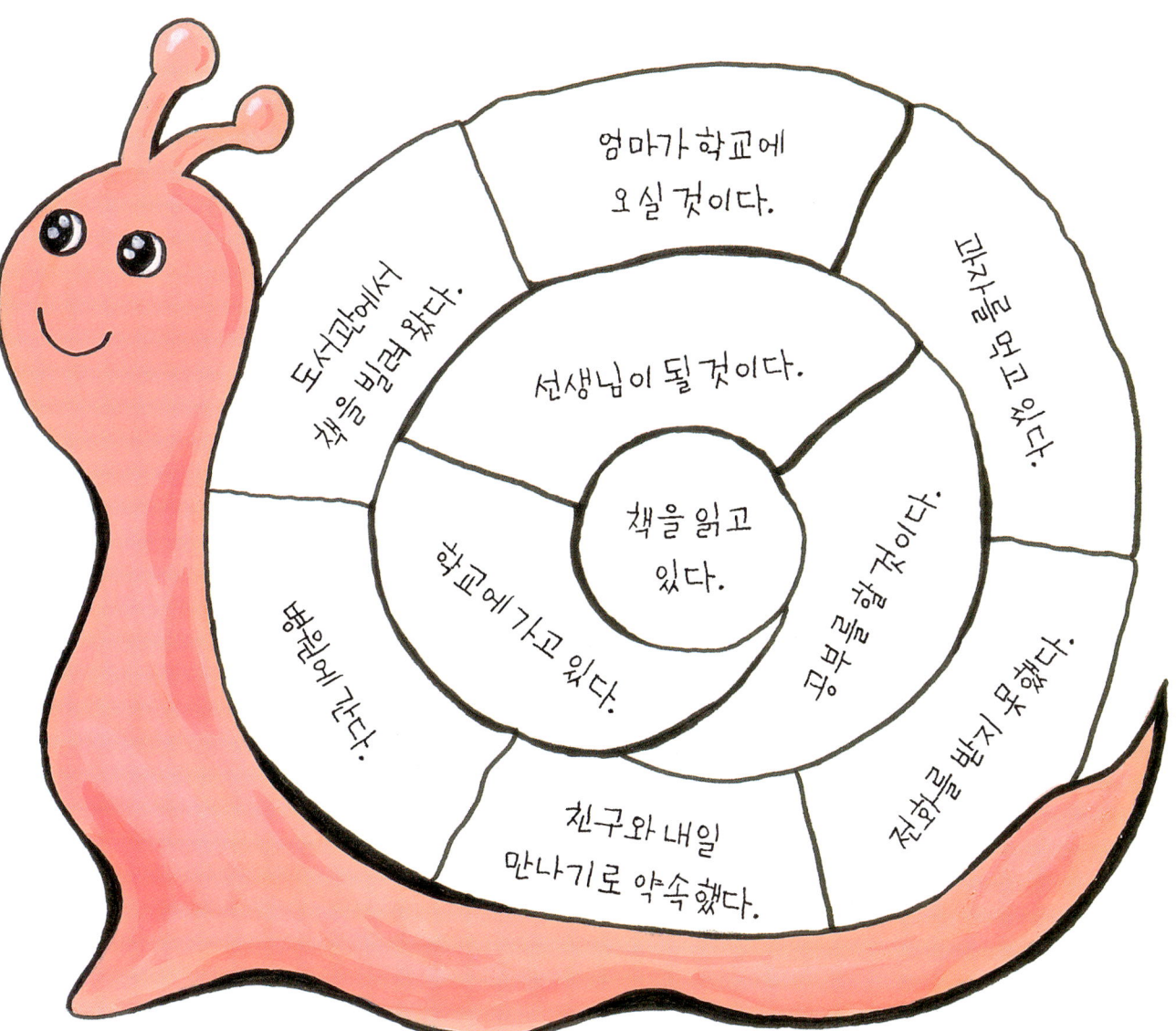

 도전 백점

1 다음 중 때를 나타내는 낱말이 잘못 쓰인 문장을 찾아보세요.

   ① 옛날에 나는 왕자님이었다.
   ② 어제 친구들이 나를 기다리고 있었다.
   ③ 내일 학교에서 돌아오면 아무도 집에 없을 것이다.
   ④ 지금 나는 재미있는 영화를 보러 간다.
   ⑤ 내일은 학교에 일찍 갔다.

2 다음 문장에 어울리는 말을 고르세요.

   ① 다음은 가수가 노래를 _____.

      (불렀다, 부를 것이다)

   ② 다음부터는 공부를 열심히 _____.

      (할 것이다, 했다)

   ③ 어제 밥을 먹고 나서 약을 _____.

      (먹었다, 먹을 것이다)

   ④ 지난주에는 눈이 많이 _____.

      (왔다, 올 것이다)

   ⑤ 내일 운동회를 _____.

      (했다, 할 것이다)

 받아쓰기

친구가 받아쓰기를 했어요. 틀린 곳을 고쳐 주세요.

읽기 1-1 6단원

월 일	점수	60

1. 쌀을 한 바가지씩 가져다가
2. 산꼭대기까지 가지고 가자.
3. 배꼽을 쥐고 '깔깔깔' 웃었습니다.
4. 산 아래로 떼굴떼굴 굴러갔습니다.
5. 냄새가 솔솔 나자
6. 떡을 만드러 먹기로 ➡
7. 쪼차가 먼저 잡는 쪽이 ➡
8. 부자네 집으로 가서
9. 두꺼비안태 ➡
10. 돈을 모두 갑지 못하였어요. ➡

75

 # 꾸미는 말을 익혀 보아요

쓰기 1-1 2단원

 꾸미는 말이 무엇인지 알고 글을 읽으면서 내용을 자세히 파악할 수 있어요.

모래 목욕

앗! 흔들거리는 그네 밑에 꼬물꼬물 움직이는 것이 있어요.
그것은 바로 참새였어요.
귀여운 참새가 모래 위에서 몸을 비비고 있어요.
모래 사이사이로 자그마한 머리를 꿈틀대고,
날개를 재빠르게 파닥거리면 모래알이 튀었어요.
민지는 신기해서 한참을 들여다보았어요.
꿈틀거릴 때마다 다리가 위아래로 움직였어요.
참새는 모래 목욕을 한 것이었어요.

tip

'참새가 모래 위에서' 보다는 '귀여운 참새가 모래 위에서' 라고 쓰니까 참새에 대해 자세히 알 수 있어요. '귀여운' 은 '참새가' 를 꾸미는 말입니다. '꼬물꼬물', '자그마한' 도 꾸미는 말입니다.

설명을 들어 보아요

말을 꾸며 쓰면 강조하고 싶은 말을 좀 더 자세하게 표현할 수 있고, 의미를 정확하게 전달할 수 있어요.

✏️ 그림을 보고 꾸미는 말을 어떻게 넣었는지 알아보아요.

꽃이 피었어요.
꽃이 **예쁘게** 피었어요.
빨간 꽃이 **예쁘게** 피었어요.

➡ 꽃이 어떻게 피어 있는지 알 수 있어요.

아기가 웃어요.
귀여운 아기가 웃어요.
귀여운 아기가 **방긋방긋** 웃어요.

➡ 아기가 어떤 모습인지 자세히 알 수 있어요.

tip

사과를 꾸미는 말은 무엇이 있을까요? 빨간 사과, 새콤달콤 사과, 탐스러운 사과, 예쁜 사과 등으로 꾸밀 수 있어요. 꾸미는 말에 따라 느낌이 달라져요.

스스로 해 보아요

아래 예를 읽어 보고, 보기에서 꾸미는 말을 찾아 빈칸에 알맞게 써 넣으세요.

동생이 넘어졌어요.
(귀여운) 동생이 (꽈당) 넘어졌어요.
(개구쟁이) 동생이
(우당탕) 넘어졌어요.

1)

비가 내려요.
(　　　　) 비가 (　　　　) 내려요.
(　　　　) 비가 (　　　　) 내려요.

2)

꽃이 피었어요.
(　　　　) 꽃이 (　　　　) 피었어요.
(　　　　) 꽃이 (　　　　) 피었어요.

보기　촉촉하게, 차가운, 세차게, 분홍색,
　　　예쁜, 보슬보슬, 아름답게, 알록달록

더 알아보아요

아래 그림을 보고 알맞은 꾸미는 말을 골라 동그라미를 해 보세요.
그리고 빈칸에 새로운 꾸미는 말을 보기에서 골라 써 보세요.

보기 깡충깡충 소복소복한 탱글탱글한 높은 타오르는 시원한

(하얀) / 검은 — 눈

네모난 / 귀여운 — 토끼

맛있는 / 멋있는 — 포도

달콤한 / 귀여운 — 아이스크림

차가운 / 뜨거운 — 불

푸른 / 둥근 — 산

쥐돌이가 시험 문제를 잘 풀어야 치즈를 먹을 수 있어요. 문제를 풀고 아래 그림에서 알맞은 낱말을 따라가 쥐돌이에게 치즈를 찾아 주세요.

1학년	3반	이름 쥐돌이	점수	100점
1. 산에 (　　　) 바위가 있어요.			3. 물건을 (　　　) 옮겨요.	
2. 꽃이 (　　　) 피었어요.			4. 토끼가 (　　　) 뛰어요.	

도전 백점

■ 아래 문장을 읽고 빈칸에 들어갈 알맞은 말을 보기에서 찾아 쓰세요. (1~5)

보기 기다란,   귀여운,   정답게,   주르륵,   높은

1 선생님께서 _____ 웃으십니다.

2 언니의 눈에서 눈물이 _____ 흐릅니다.

3 _____ 아기가 방글방글 웃습니다.

4 _____ 하늘에 제비 한 마리가 날아갑니다.

5 코끼리가 _____ 코로 사과를 잡습니다.

■ 빈칸에 들어갈 알맞은 꾸미는 말을 골라 연결해 보세요. (6~8)

6 _____ 봄이 왔어요.   •   • 따뜻한

7 새들이 _____ 노래를 합니다. •   • 빠알간

8 _____ 사과를 먹습니다.   •   • 즐겁게

받아쓰기

✏️ 다음 단어를 바르게 고쳐 주세요.

읽기 1-2 1단원 / 쓰기 1-2 1단원

1	살레살레	➡	
2	쫑끗쫑끗	➡	
3	너머뜨린	➡	

✏️ 다음 문장에서 틀린 낱말을 찾아 고쳐 보세요.

4	내가 신문지 미테 숨어도	➡	
5	바끌 내다보아.	➡	
6	찬찬이 살펴보는 거야.	➡	
7	아침 이슬이 새수하래요.	➡	
8	그만둬다.	➡	
9	왜 안 께우셨어요?	➡	
10	아버지께서 복음밥을 해 주셨다.	➡	

10 흉내말을 사용할 줄 알아요

읽기 1-2 1단원

소리 흉내말과 모양 흉내말을 알고, 흉내말을 넣어 더욱 생동감 있고 재미있는 문장을 쓸 수 있어요.

운동회

운동회 날입니다.
하늘에는 **알록달록** 만국기가 펄럭입니다.
운동장에는 아이들이 **왁자지껄** 떠들고 있습니다.
선생님께서 **삑삑** 호루라기를 불자 나란히 줄을 섰어요.
드디어 시합이 시작되었습니다.
데굴데굴 공이 굴러가네요.
영차영차 줄을 당겨요.
쌩쌩 달리기를 해요.
청군이 이겼네요. **하하하**!
다음엔 백군이 꼭 이길 거야!

tip

흉내 내는 말에는 소리를 흉내 내는 말과 모양을 흉내 내는 말이 있어요.
'알록달록', '데굴데굴', '쌩쌩'은 모양을 흉내 내는 말이고,
'왁자지껄', '삑삑', '하하하'는 소리를 흉내 내는 말이에요.
위의 글을 흉내 내는 말을 빼고 읽어 보세요. 느낌이 많이 다르지요?

 설명을 들어 보아요

하하하, 동글동글, 데굴데굴 같은 흉내말을 쓰면 동물이나 사람, 물건의 특징을 재밌고 실감 나게 표현할 수 있어요.

 그림을 보면서 흉내말을 읽어 보아요.

폴짝폴짝

끄덕끄덕

쨍그랑

뿡뿡

tip

소리를 흉내 낸 말 깔깔깔, 껄껄, 히히, 으흐흐, 꿀꿀, 구구구, 또르르, 부르릉, 빵빵, 또닥또닥, 뿡뿡

모양을 흉내 낸 말 꼬불꼬불, 대롱대롱, 말랑말랑, 보슬보슬, 으리으리, 포동포동, 투덜투덜

움직임을 흉내 낸 말 간질간질, 갈팡질팡, 덩실덩실, 벌름벌름, 살금살금, 터벅터벅, 아장아장, 스르르

스스로 해 보아요

아래 그림에 어울리는 흉내말을 보기에서 찾아 빈칸에 써 보세요.

보기 주렁주렁, 꿀꿀, 짹짹짹, 부릉부릉, 따르릉, 개굴개굴, 아장아장

 더 알아보아요

✏️ 아래 그림에서 빠진 부분을 완성하고 어울리는 흉내말을 보기에서 찾아 써 보세요.

> **보기**   뾰족뾰족   볼록볼록   빙글빙글   주룩주룩

낙타 등이 **볼록볼록**

악어 이빨이 (　　　　)

달팽이 집은 (　　　　)

소나기가 (　　　　)

아래 그림에서 민석이가 엄마를 만날 수 있도록 길을 찾아 주세요.
흉내말과 어울리는 낱말 그림을 고르면 된답니다.

1 다음 중 흉내말을 바르게 사용한 문장을 고르세요.

　① 닭이 꼬르륵 울어요.　　② 고양이가 찍찍거려요.
　③ 개가 삐리삐리 짖어요.　　④ 공이 데굴데굴 굴러요.
　⑤ 바람이 모락모락 불어요.

■ 알맞은 말을 보기에서 찾아 괄호 안에 써 보세요. (2~3)

2 멍멍은 (　　　　　　)을(를) 흉내 낸 말입니다.

3 포동포동은 (　　　　　　)을(를) 흉내 낸 말입니다.

> 보기　소리　모양

4 기차는 어떤 소리를 내는지 적어 보세요.

　------------------------------------

5 보기의 흉내말이 하나씩 들어가도록 각각 짧은 글을 지어 보세요.

> 보기　개굴개굴　뒤뚱뒤뚱　팔랑팔랑

오리가

개구리가

나비가

받아쓰기

✏️ 다음 단어를 바르게 고쳐 주세요.

읽기 1-2 2단원

1	달마지꽃	➡
2	재미잇다.	➡
3	막쌍	➡

✏️ 다음 문장에서 틀린 낱말을 찾아 고쳐 보세요.

4	'달떡'이라고도 불릅니다.	➡
5	제비꽃을 맛걸어	➡
6	아무런 까닭 업시	➡
7	붙혀진 이름입니다.	➡
8	우주애 갔을까요?	➡
9	실엄용 동물을 보내기로	➡
10	탐사할 계획을 세웠습니다.	➡

11 문장을 올바르게 쓸 수 있어요

쓰기 1-1 2단원

 하나의 문장 안에는 글을 쓰는 순서가 있어요. 임자말, 꾸미는 말, 풀이말의 순서대로 써야 해요.

피곤한 날

유정이는 방과 후 학교에서 운동회 연습을 했어요.
잠깐 쉬는 시간에 책상 옆에 쭈그리고 앉아 있었지요.
"너, 왜 그러니?"
준하가 묻자 힐긋 쳐다보고는 다시 고개를 숙였어요.
"기운이 없어 보이네."
선생님도 유정이의 머리를 쓰다듬어 주시면서 말을 건넸어요.
"어머! 얘 어디 아픈가 봐!"
간식을 가져오신 희주 엄마도 말씀하셨어요.
"들어요. 저는 힘이"
이렇게 말하자 모두들 깜짝 놀랐어요.

tip

"기운이 없어 보이네."라는 문장을 '보이네, 없어 기운이'라고 말한다면 무슨 말인지 알 수 없어요. "들어요. 저는 힘이"라는 문장은 "저는 힘이 들어요."라고 써야 문장을 쓰는 순서에 맞습니다.
문장의 순서는 정확한 뜻을 전달하는 데 꼭 필요합니다.

설명을 들어 보아요

우리말의 문장은 '～이다', '～하다', '～다' 등 풀이말이 맨 마지막에 와요. 이것을 알고 문장을 차례대로 바르게 써 보아요.

✏️ 뒤죽박죽 엉켜 있는 문장을 바르게 고쳐 썼어요. 읽어 보세요.

보기 장난감을   민수는   정리합니다.

➡ 민수는 장난감을 정리합니다.

보기 고양이가   있습니다.   자고   잠을

➡ 고양이가 잠을 자고 있습니다.

tip

'민수는'은 주인이 되는 말 즉 임자말이고 '정리합니다.'는 풀이말입니다.

스스로 해 보아요

✏️ 그림을 보고 보기의 문장을 순서에 맞게 고쳐 써 보세요.

보기 우리들은 불렀습니다. 노래를

보기 꽃이 노란 피었습니다.

보기 어머니께서 닦으십니다. 방바닥을

더 알아보아요

✏️ 구름 속에 뒤죽박죽 엉켜 있는 문장을 차례에 맞게 아래 빈칸에 써 보세요.

❶ 잠을 동생이 새근새근 잡니다.

❷ 놓쳐 공을 버렸습니다.

❸ 먹습니다. 사과를 빨간

❹ 좋습니다. 기분이 받아서 상을

❺ 멍멍 짖습니다. 강아지가

❶ 동생이 잠을 새근새근 잡니다.

❷

❸

❹

❺

글 놀이터

✏️ 문장에 어울리는 단어를 찾아 줄을 긋고, 아래 칸에 순서에 알맞게 써 보세요.

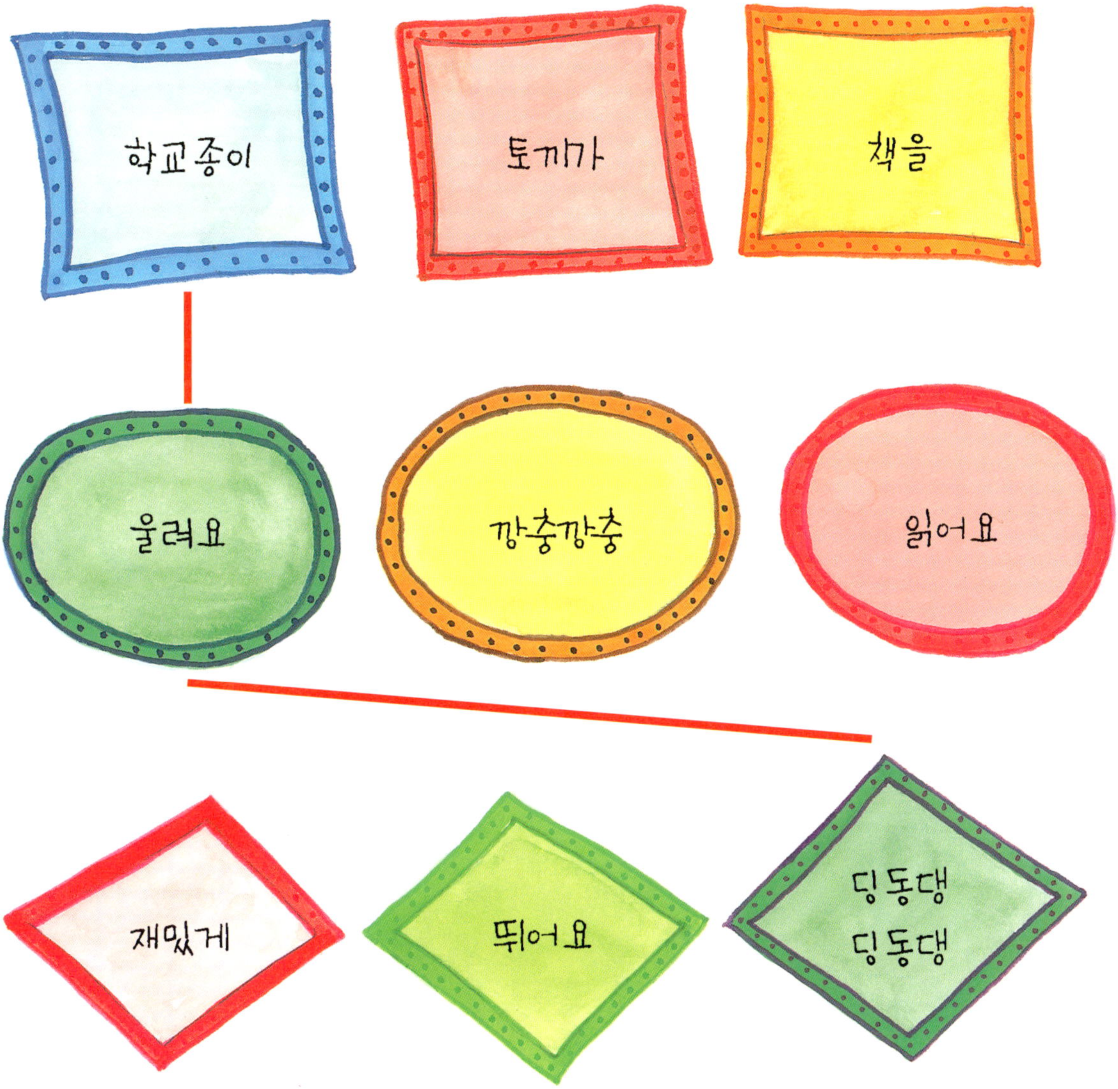

학교종이   토끼가   책을

울려요   깡충깡충   읽어요

재밌게   뛰어요   딩동댕 딩동댕

학교종이 딩동댕 딩동댕 울려요.

토끼가

책을

■ 아래 보기처럼 문장의 순서에 맞게 번호를 쓰세요. (1~4)

> 보기 우리는 갑니다. 학교에,
>   ①   ③   ②

1 쌓았습니다. 현수가 나무토막을

2 사과를 좋아합니다. 주희는

3 물고기를 나는 잡았습니다.

4 보았습니다. 시험을 정민이는

5 다음 중에서 문장의 순서가 맞지 않는 것을 고르세요.

   ① 아기가 잠을 잡니다.
   ② 개가 썰매를 끕니다.
   ③ 아주머니가 택시를 탑니다.
   ④ 합니다. 청소를 엄마가
   ⑤ 연하가 글씨를 씁니다.

✏️ 다음 단어를 바르게 고쳐 주세요.

읽기 1-2 3단원

1	햇쌀	➡	
2	돌뿌리	➡	
3	돌연님	➡	

✏️ 다음 문장에서 틀린 낱말을 찾아 고쳐 보세요.

4	그럼 누가 힘이 더 쎈지	➡	
5	빤뜻하게 서 있을 수 없어.	➡	
6	몇일이 지나서 와 보니	➡	
7	밤새도록 끈나지 않았습니다.	➡	
8	둥지째 떼어 갈까!	➡	
9	눈을 부름뜨고 말하였어요.	➡	
10	엽전 소리는 꽁짜인 줄 아시오?	➡	

12 누가, 언제, 어디서, 무엇을 했는지 알 수 있어요

읽기 1-1 5단원

 문장의 기본은 '누가, 언제, 어디서, 무엇을 했나'입니다.
문장의 기본을 알고, 문장의 기본에 맞춰 글을 쓸 수 있어요.

심술쟁이 늑대

늑대는 아침에 숲 속을 어슬렁거렸습니다.
그러다 그만 함정에 빠져 버렸답니다.
동물들이 하나둘씩 모여들기 시작했습니다.
늑대는 꺼내 달라고 울면서 부탁을 했습니다.
"난 싫어! 지난번에 내가 모아 놓은 당근에 흙을 뿌렸단 말이야."
"나도 싫어! 지난번에 우리 집 앞에 큰 돌을 세워 놓았잖아."
"나도 싫어! 내가 자고 있을 때 꼬리를 묶어 놓아서
얼마나 아팠는지 몰라."
새도, 코끼리도, 여우도 모두모두 싫다고 말했습니다.
늑대는 밤이 될 때까지 함정 안에 있었습니다.

tip

위 글의 첫 문장 '늑대는 아침에 숲 속을 어슬렁거렸습니다.'에는
문장의 기본이 다 갖춰 있어요.
'누가 : 늑대가, 언제 : 아침에, 어디서 : 숲 속에서,
무엇을 했나 : 어슬렁거렸다.'
잘 쓴 문장은 글의 내용을 쉽게 알 수 있게 해 줍니다.

설명을 들어 보아요

누가, 언제, 어디서, 무엇을 했는지 살펴보면 이야기의 내용을 쉽게 정리할 수 있어요. 글을 쓸 때에도 이 원칙을 지키면 내 생각을 잘 표현할 수 있어요.

1. 그림에 **누가** 나오나요?

   선우, 엄마

2. **언제**인가요?

   밤, 아침

3. **어디서** 일어난 일인가요?

   선우네 집

4. **무엇을 했나요?**

   수박을 많이 먹고 자서 오줌을 쌌어요.

정리

선우는 어젯밤에 수박을 먹고 잤어요. 아침에 일어나 보니 이불에 오줌을 쌌어요.

tip

누가 : 이야기에 나오는 사람   언제 : 일이 일어나는 시간
어디서 : 일이 일어난 장소   무엇을 했나요? : 이야기에 나오는 사람이 한 행동

스스로 해 보아요

✏️ 그림을 보고 이야기의 내용을 정리해 보세요.

9월 17일 금요일	날씨 조금 더웠지만 바람이 부는 날씨
제목 아침 운동	

일요일 아침, 엄마와 아빠와 함께 뒷산에 올라갔어요.
그리고 약수터에서 체조를 했어요.

1. **누가** 나오나요?

----

2. **언제**인가요?

----

3. **어디에서** 있었던 일이지요?

----

4. **무엇을 했나요?**

103

더 알아보아요

✏️ 아래 보기처럼 그림을 보고 누가, 언제, 어디서, 무엇을 하는지 짧은 글을 지어 보세요.

보기

아이들이 바람 부는 날에
언덕에서 연을 날립니다.

1)

2)

글 놀이터

✏️ 영재가 산에서 길을 잃어버렸어요. 누가, 언제, 어디서, 무엇을 했는지 순서에 맞게 따라가서 친구들을 만날 수 있게 해 주세요.

영재

먹습니다.
나무 위에서
다람쥐가
도토리를 먹습니다.
도토리를 먹습니다
낮에
개구리는
나무위에서
땅속에서
낮에
겨울에
밤에
땅속에서
잠을 잡니다.
꽝

도전 백점

1. '누가'에 해당하는 말을 고르세요.

   ① 민희가　　　② 오랫동안　　　③ 양치질을 합니다.
   ④ 목욕탕에서　　⑤ 아침에

2. 빈 곳에 들어갈 알맞은 말을 모두 고르세요.

   > 보기 병아리가 _____ 따라갑니다.

   ① 언니를　　　② 동희가　　　③ 토끼는
   ④ 암탉을　　　⑤ 강아지가

3. 다음 중 '언제'에 해당하지 않는 말을 고르세요.

   ① 작년에
   ② 그저께
   ③ 꽃밭에서
   ④ 2000년에
   ⑤ 해가 떠오를 때

■ 아래 나열된 낱말을 '누가, 언제, 어디서, 무엇을 했나'의 순서대로 써 보세요. (4~5)

4. 승환이가　양말을 신습니다.　거실에서　아침에

   ➡ _____

5. 점심시간에　공을 찹니다.　아이들이　운동장에서

   ➡ _____

받아쓰기

✏️ 다음 단어를 바르게 고쳐 주세요.

読기 1-2 4단원

1	바테	➡	
2	바다까	➡	
3	도짜리	➡	

✏️ 다음 문장에서 틀린 낱말을 찾아 고쳐 보세요.

4	신영이는 고구마를 케러	➡	
5	무가 쑥쑥 뽑펴 나왔습니다.	➡	
6	도데채 어디에 간 거니?	➡	
7	달꼼한 냄새가 온 집 안에	➡	
8	아주 굴꼬 긴 무였습니다.	➡	
9	꽃을 뿌리는 사람이레요.	➡	
10	저는 얼른 달여가	➡	

13 동시를 쓸 수 있어요

쓰기 1-2 7단원

 동시를 읽거나 들으며 말의 재미를 느낄 수 있어요.
그리고 자기 마음을 자유롭게 표현하는 동시를 쓸 수 있어요.

비

주룩주룩 비는
청소부
더러운 것을 씻어 주니까

보슬보슬 비는
장난감
진흙 놀이 할 수 있으니까

또롱또롱 비는
음료수
식물들이 마실 수 있으니까

내 얼굴은 배시시배시시
첨벙첨벙
물장난도 하니까

동시는 어린이들의 세계에서 일어나는 일을 짧게 쓴 글이에요. 반복되는
시어를 통해 리듬감을 알고 말(언어)의 즐거움도 느낄 수 있어요.
동시를 쓰면 어휘력이 좋아지고 감성이 풍부해져요.

설명을 들어 보아요

동시를 쉽게 쓰려면 먼저 재미있었던 일, 슬펐던 일, 속상했던 일 중에서 가장 쓰고 싶은 것을 정해요. 그리고 느낌을 적어 보세요.

 '바람'을 글감으로 동시를 쓰고 싶나요? 다음과 같이 해 볼까요?

- 바람이 말을 한다고 상상해 보아요. ➡ "더울 때 내가 시원하게 해 줄게."
- 바람에게 궁금한 것을 물어보아요. ➡ "넌 어디서 오는 거니?"
- 바람과 친구가 되어요. ➡ "함께 연 날리러 가자!"
- 바람의 모습을 그려 보아요. ➡ "펄럭이는 깃발을 보면 바람이 있어요."
- 바람이 하는 일을 알아보아요. ➡ "구름을 몰고 다녀요."
- 바람이 사람이라고 상상해 보아요. ➡ "창문을 두드려요."

바람
― 강민정

넌 어디서 오니? ― ①

연이랑
종이비행기랑 ②
바람개비랑
함께 놀자

넌 어디로 가니? ― ①

구름 몰고 다니고
깃발 펄럭이고 ③
나뭇잎이랑 춤추고

넌 이제 내 방 창을 두드리는구나! ― ④

바람에 대해 다양한 생각을 해 보고 나서 동시를 썼어요.
①은 궁금한 것을 물어본 거예요.
②는 친구가 된 것이지요.
③은 바람이 하는 일이에요.
④는 사람이라고 상상을 했지요.

> **tip**
> 시의 특징
> 1. 다른 글에 비해 길이가 짧아요.
> 2. 행과 연으로 이루어져 있어요.
> 3. 음악과 같은 리듬감이 있어요.
> 4. 같은 말이 반복되기도 해요.

스스로 해 보아요

✏️ 보기와 같이 임자말을 꾸며 보세요.

| 보기 | 매미가 맴맴맴 웁니다. ➡ 맴맴맴 우는 매미 |

1. 토끼가 깡충깡충 뛰어갑니다. ➡ 깡충깡충 _____ 토끼

2. 냇물이 졸졸졸 흐릅니다. ➡ 졸졸졸 _____ 냇물

3. 소나기가 주룩주룩 내립니다. ➡ 주룩주룩 _____ 소나기

tip

문장에서 주인이 되는 말을 임자말이라고 해요. '토끼가', '냇물이', '소나기가'가 임자말이지요. 임자말은 4과, 꾸미는 말은 9과에서 다시 공부해 보세요.

✏️ 보기를 잘 읽고 아래 문장을 빗대어 표현하는 문장으로 바꾸어 보세요.

| 보기 | 원숭이 엉덩이는 빨개요. ➡ 사과처럼 빨간 원숭이 엉덩이 |

4. 하늘은 파래요. ➡ _____ 처럼 파란 하늘

5. 선생님은 무서워요. ➡ _____ 처럼 무서운 선생님

tip

빗대어 표현하는 것은 임자말의 상태를 좀 더 잘 느낄 수 있게 다른 것과 비유하는 거예요. '~처럼', '~같이'와 같은 말을 써 '사과처럼 빨간 원숭이 엉덩이'는 사과를 원숭이 엉덩이에 빗대어 표현한 것이에요.

더 알아보아요

✏️ 다음 시를 바꾸어 써 보세요.

별과 꽃
— 하유미

하늘엔 별이 있고
땅 위엔 꽃이 있네

별은 반짝반짝
꽃은 활짝

별과 꽃은
조용히 마주 보고 있네

별이 빛나서
꽃이 아름다워서

별과 돌멩이
— (　　　)

하늘엔 별이 있고
땅 위엔 돌멩이가 있네

별은 (　　　　)
돌멩이는 (　　　　)

별과 돌멩이는
조용히 마주 보고 있네

별이 (　　　　)
돌멩이가 (　　　　)

✏️ 보기에서 알맞은 말을 찾아 빈칸에 넣고 시를 완성해 보세요.

계절
— 김지성

봄에는 (　　　　)
　새싹이 돋고

여름에는 (　　　)
　나무가 자라지요

가을에는 (　　　)
　단풍이 들고요

겨울에는 (　　　)
　눈이 내리지요

보기   펄펄, 파릇파릇, 울긋불긋, 쑤욱쑤욱

글 놀이터

글감은 시를 짓는 재료예요. 시의 글감이라고 해서 특별한 것을 떠올릴 필요는 없어요. 본 것, 들은 것, 생각한 것 등 무엇이든 글감이 되지요. 연필, 쉬는 시간, 피자, 노래, 가족 등에서 글감을 골라 자유롭게 시를 써 보세요.

제목 :

이름 :

tip

좋은 시를 쓰려면 어떻게 해야 할까요?
첫째, 평소에 시를 많이 읽어요.
둘째, 자기의 생각이나 느낌을 쉬운 말로 솔직하게 표현해요.
셋째, 시를 다 쓰고 나서 소리 내어 읽어 보세요.

도전 백점

비

주룩주룩 비는
청소부
더러운 것을 씻어 주니까

보슬보슬 비는
장난감
진흙 놀이 할 수 있으니까

또롱또롱 비는
음료수
식물들이 마실 수 있으니까

내 얼굴은 배시시배시시
첨벙첨벙
물장난도 하니까

1 이 동시에는 비를 빗대어 표현한 말들이 나옵니다. 틀린 것을 모두 고르세요.

① 청소부
② 장난감
③ 식물들
④ 음료수
⑤ 진흙 놀이

2 다음은 동시의 글감에 대한 설명입니다. 알맞은 것을 고르세요.

① 글감이 없어도 됩니다.
② 정확한 자료를 찾습니다.
③ 특별한 경험만 글감이 됩니다.
④ 본 것, 들은 것, 생각한 것 등입니다.
⑤ 읽을 사람이 궁금해하는 내용입니다.

3 다음 문장 중 코로 느낀 것을 가장 잘 표현한 사람을 고르세요.

① 수지 : 선인장을 만지면 따가워요.
② 민수 : 엄마에게 꽃향기가 나요.
③ 경미 : 엄마의 자장가는 꿈나라로 데려다 주지요.
④ 재원 : 새가 노래를 해요.
⑤ 동희 : 떡볶이는 매콤달콤해요.

받아쓰기

✏️ 다음 단어를 바르게 고쳐 주세요.

읽기 1-2 5단원

1	방물관	➡	
2	나카산	➡	
3	꼬리잡끼	➡	

✏️ 다음 문장에서 틀린 낱말을 찾아 고쳐 보세요.

4	허리를 구펴 인사합니다.	➡	
5	서로를 힘껏 껴않습니다.	➡	
6	납짝한 돌을 준비합니다.	➡	
7	만은 표지판이 있습니다.	➡	
8	어디에나 잘 달라붓습니다.	➡	
9	빰을 대며 인사합니다.	➡	
10	그림자를 발핀 사람은	➡	

14 그림일기를 쓸 수 있어요

쓰기 1-2 1단원

그림일기를 쓰는 법을 알아요.
오늘 겪은 일을 그림일기로 쓸 수 있어요.

---

6 월 30일 토요일   날씨 바람이 불고 따뜻함

제목 생일 잔치

	은	성	이	네		집	에	서		생	일
잔	치	를		했	다	.	피	자	와		떡
볶	이	를		맛	있	게		먹	었	다	.
내		생	일	도		기	다	려	진	다	.

tip

그림일기를 잘 쓰려면 이렇게 해 보세요.
1. 하루 동안 겪은 일을 떠올립니다.
2. 가장 기억에 남는 일을 정합니다.
3. 제목을 정하고 그림을 그립니다.
4. 내용과 느낌을 씁니다.

설명을 들어 보아요

그림일기에는 날짜, 요일, 날씨, 제목, 그림, 글이 꼭 들어가요.
하루 동안 있었던 일을 정리해 보세요.

 민지의 그림일기를 보며 그림일기 쓰는 법을 배워 보세요.

○월 ○일 ○요일 날씨 매우 따뜻함	○월 ○일 ○요일 날씨

나는 오늘 일어나 세수하고 밥을 먹고 학교에 가서 공부했다. 그리고 미술 학원에 갔다가 집에 와서 숙제를 하고 잤다.	엄마께서 하얀색 곰 인형을 사 주셨다. 귀엽고 푹신푹신했다. 곰 인형을 안고 집에 돌아오면서 오늘부터 곰 인형과 함께 자야겠다고 생각했다.

- ★ 제목은 '하루' 입니다.
- ★ 매일 반복되는 일을 시간의 순서에 따라 쓴 일기예요.
- ★ '나는 오늘' 이란 말은 쓰지 마세요. 일기장은 당연히 '내' 가 쓰는 것이고, 날짜는 이미 썼기 때문이에요.

- ★ 제목은 '곰 인형' 입니다.
- ★ 하루 동안 겪은 일들 중에서 가장 기억에 남는 일을 썼어요.
- ★ 그림일기에 반드시 들어가야 할 내용 중 날씨가 빠져 있어요.

tip
기억에 남는 일이 없다면 가족, 텔레비전, 장난감, 급식 시간, 쉬는 시간, 강아지, 학원 가는 길 등 오늘 하루를 떠올려 보세요.
그중에서 한 가지 주제(내용)로 쓰면 돼요.

스스로 해 보아요

✏️ 다음 그림일기를 읽고 제목을 적어 보세요.

1)

○월 ○일 ○요일
날씨 오전에도 덥고 오후에도 더웠다.
제목

받아쓰기 시험을 보았다. 채점을 해 보니 까개나 틀렸다. 엄마께 보여 드렸더니 어제 연습을 안 해서 많이 틀린 거라고 하셨다. 혼이 안 나서 다행이지만 속이 상했다. 다음에는 연습을 많이 해서 꼭 100점을 맞아야겠다.

✏️ 다음 그림일기를 읽고 제목과 날씨를 적어 보세요.

2)

○월 ○일 ○요일
날씨
제목

하루 종일 비가 왔다. 학교에 갈 때 바지가 다 젖었고, 집에 올 때는 가방도 다 젖었다. 그래서 축구도 못 했고 놀이터에서 그네도 못 탔다. 내일 또 비가 올까 봐 걱정이다. 비 오는 날은 정말 귀찮고 싫다.

> **tip**
> 일기 제목은 일기의 내용을 한눈에 알 수 있도록 정합니다.

더 알아보아요

✏️ 다음은 완성되지 않은 그림일기예요. 잘 읽어 보고 빈 곳에 글을 넣어 완성시켜 보세요.

○월 ○일 ○요일　날씨 구름이 많더니 비가 내림　제목 아빠의 볶음밥

1)

점심때 아빠가 김치볶음밥을 해 주셨다. 김치를 작게 썰고 햄도 넣고 완두콩도 넣었다. _____

○월 ○일 ○요일　날씨 흐렸는데 비는 오지 않음　제목 내 동생

2)

_____ 그리고 툭하면 나를 때리고 고집을 피운다. 엄마에게 내가 더 혼이 난다. 다시는 동생하고 놀지 않을 것이다.

글 놀이터

✏️ 오늘 하루 중 기억에 남는 일을 떠올려 보고 그림일기를 써 보세요.

월	일	요일		날씨	
제목					

tip

무슨 일이 있었는지 떠오르지 않으면 가족, 친구, 운동 중에 골라 써 보세요.
느낌을 표현하는 말을 많이 알면 일기 내용이 풍요로워져요.
느낌을 표현하는 말의 예) 재미있다, 지루하다, 징그럽다, 속상하다, 차갑다, 편안하다, 평화롭다, 포근하다, 두근거린다, 짜릿짜릿하다, 눈물이 나려고 했다, 심술이 났다 등.

도전 백점

1. 그림일기를 쓸 때 반드시 넣어야 할 내용이 아닌 것을 고르세요.

   ① 그림　　　　② 날짜　　　　③ 노래
   ④ 날씨　　　　⑤ 생각이나 느낌

2. 겪은 일을 그림일기로 쓸 때 가장 먼저 할 일을 고르세요.

   ① 쓸 내용을 간단히 정리한다.　　② 겪은 일을 자세하게 글로 쓴다.
   ③ 쓴 것을 다시 읽고 고쳐 쓴다.　　④ 겪은 일에 대한 그림을 그린다.
   ⑤ 하루 동안 겪었던 일을 생각한다.

■ 다음은 보람이의 그림일기예요. 그림을 보고 물음에 답하세요. (3~4)

3. 그림을 보고 떠오르는 내용이 아닌 것을 고르세요.

   ① 결승점을 바라보며 열심히 달렸습니다.
   ② 운동장에서 달리기를 했습니다.
   ③ 숙제를 안 해 가서 벌을 섰습니다.
   ④ 달리기에서 다른 친구들을 제치고 일등을 했습니다.
   ⑤ 빨리 달려서 숨이 찼습니다.

4. 위 그림의 내용을 일기로 쓰려고 합니다. 알맞은 제목을 붙여 보세요.

받아쓰기

✏️ 다음 단어를 바르게 고쳐 주세요.

읽기 1-2 6단원

1	게속	➡	
2	시계탑	➡	
3	텔레비젼	➡	

✏️ 다음 문장에서 틀린 낱말을 찾아 고쳐 보세요.

4	시간을 어긴 것슨 잘못이다.	➡	
5	바다를 빨갓게 칠하였다.	➡	
6	너치 않았나 봅니다.	➡	
7	이러버리고 돌려주지 않았잖아?	➡	
8	발은 어떠케 생겼을까요?	➡	
9	까만 멘발을 도화지에 올렸습니다.	➡	
10	내 말은 들은 채 만 체하며	➡	

15 소개하는 글을 쓸 수 있어요

쓰기 1-2 5단원 / 듣기 · 말하기 1-2 5단원

소개하는 글이 무엇인지 알 수 있어요.
읽을 사람이 궁금해하는 것을 소개하는 글로 쓸 수 있어요.

진돗개 백구

할머니는 강아지 때부터 기르던 백구를 대전 지역의 애견가에게 팔았어요.
그런데 7개월 후 백구는 아주 멀리 떨어진 곳에서
앙상하게 마른 채로 전 주인 할머니 품으로 되돌아왔답니다.
백구는 자신을 길러 준 주인을 잊지 못해
대전에서 진도까지의 먼 길을 되돌아온 것이지요.
이 백구는 천연기념물 제53호인 진돗개입니다.
진돗개는 대한민국을 대표하는 사냥개로, 영리하고
용맹스러울 뿐만 아니라 충성심이 강해 주인을 잘 따릅니다.
또한 재빠르기 때문에 쥐와 새도 잘 잡습니다.
키는 50센티미터 정도이며 귀는 짧고 세모 모양이고,
늘 쫑긋 세우고 있습니다. 몸 색깔은 대부분 누런색이거나 하얀색입니다.
전라남도 진도에서 주로 보호해서 기르고 있습니다.

tip

- 무엇을 소개하고 있나요? : 진돗개
- 소개하는 대상의 생김새는 어떠한가요? : 키는 50센티미터 정도이며, 귀는 짧고 세모 모양입니다.
- 소개하는 까닭은 무엇인가요? : 위 글에는 빠져 있어요. 소개글에는 소개하는 까닭을 써야 해요. '진돗개를 널리 알리고 싶습니다'라고 쓰면 되겠네요.

설명을 들어 보아요

소개하는 글은 이 글을 읽을 사람이 누구인지, 그리고 무엇을 궁금해하는지 알아야 쓸 수 있어요. 그래야 목적에 알맞게 글을 쓸 수 있어요.

✏️ 민수는 아빠에게 친구를 소개하려고 해요. 그래서 친구 이름, 사는 곳, 친한 이유, 성격, 생김새 등을 정리해서 친구를 소개하는 글을 썼어요.

저와 제일 친한 친구는 김동현입니다.

우리랑 같은 아파트에 살고 있고,

저처럼 딱지 모으기를 좋아합니다.

동현이를 만나면 딱지 자랑도 하고

딱지 게임도 하면서 시간 가는 줄 모르지요.

동현이는 잘 웃고 명랑해서 친구가 많은

편이에요. 키는 중간 정도이고,

얼굴이 까맣고, 안경을 썼어요.

tip
누군가를 소개할 때에는 소개하고 싶은 사람을 정하고, 그 사람의 성격, 외모, 장점, 사는 곳, 하는 일 등을 미리 생각해야 해요.

스스로 해 보아요

다음 글을 읽고 물음에 답해 보세요.

1. 희주가 궁금해하는 것은 무엇인가요?

2. 어진이는 누구에게 무엇을 소개하고 있나요?

3. 소개하려는 책의 제목은 무엇인가요?

더 알아보아요

✏️ 문제와 답을 읽고 무엇을 소개하는지 알아보아요.

1. 사람인가요? 동물인가요?
   동물입니다.

2. 어디에서 사나요?
   아프리카가 고향이고, 동물원에서도 볼 수 있습니다.

3. 다리는 몇 개인가요?
   4개입니다.

4. 무엇을 먹나요?
   나뭇잎을 먹습니다. 높은 나무에 있는 것도 잘 먹지요.

5. 몸 색깔은 무엇인가요?
   노란색 바탕에 갈색 무늬가 있어요.

6. 무슨 글자로 시작하나요?
   '기'입니다.

➡️ 답은 기린입니다.

✏️ 문제와 답을 정리해서 제목과 소개하는 글을 써 보세요.

제목 :

기린은 아프리카가 고향이고, 동물원에서도 볼 수 있는 동물입니다.

글 놀이터

✏️ 아래 그림을 보고 전학 온 친구에게 학교를 소개하는 내용의 글을 써 보세요.

우리 학교를 소개할게.

---

tip
이외에도 학교 안에 있는 도서관, 놀이터, 키우는 동물, 할 수 있는 놀이, 나무, 꽃 등 여러 가지를 소개할 수 있어요.

도전 백점

1. 소개하는 글을 쓰는 방법으로 옳지 않은 것을 고르세요.

   ① 무엇을 소개할지 정합니다.
   ② 대상의 특징을 떠올립니다.
   ③ 읽을 사람이 알아야 할 내용을 씁니다.
   ④ 소개할 대상을 두 개 이상 씁니다.
   ⑤ 읽을 사람이 궁금해하는 내용을 씁니다.

2. 친구를 소개하려고 합니다. 옳지 않은 것을 고르세요.

   ① 소개하려는 사람의 이름을 말합니다.
   ② 생김새를 말합니다.
   ③ 잘하는 것을 말합니다.
   ④ 사는 곳을 알려 줍니다.
   ⑤ 하루 동안 겪었던 일을 말합니다.

3. 다음은 강아지를 소개하는 글입니다. 강아지의 어떤 점을 소개하고 있는지 고르세요.

   > 내가 기르는 강아지 이름은 별이입니다. 처음 별이가 우리 집에 왔을 때 눈이 별처럼 빛나는 것 같아서 별이라고 이름을 지었습니다.

   ① 이름 ② 사는 곳 ③ 먹이 ④ 크기 ⑤ 좋아하는 것

4. 다른 사람에게 소개할 만한 사람으로 적당하지 않은 사람을 고르세요.

   ① 친한 친구   ② 우리 아빠
   ③ 오늘 전학 온 친구   ④ 우리 엄마
   ⑤ 우리 선생님

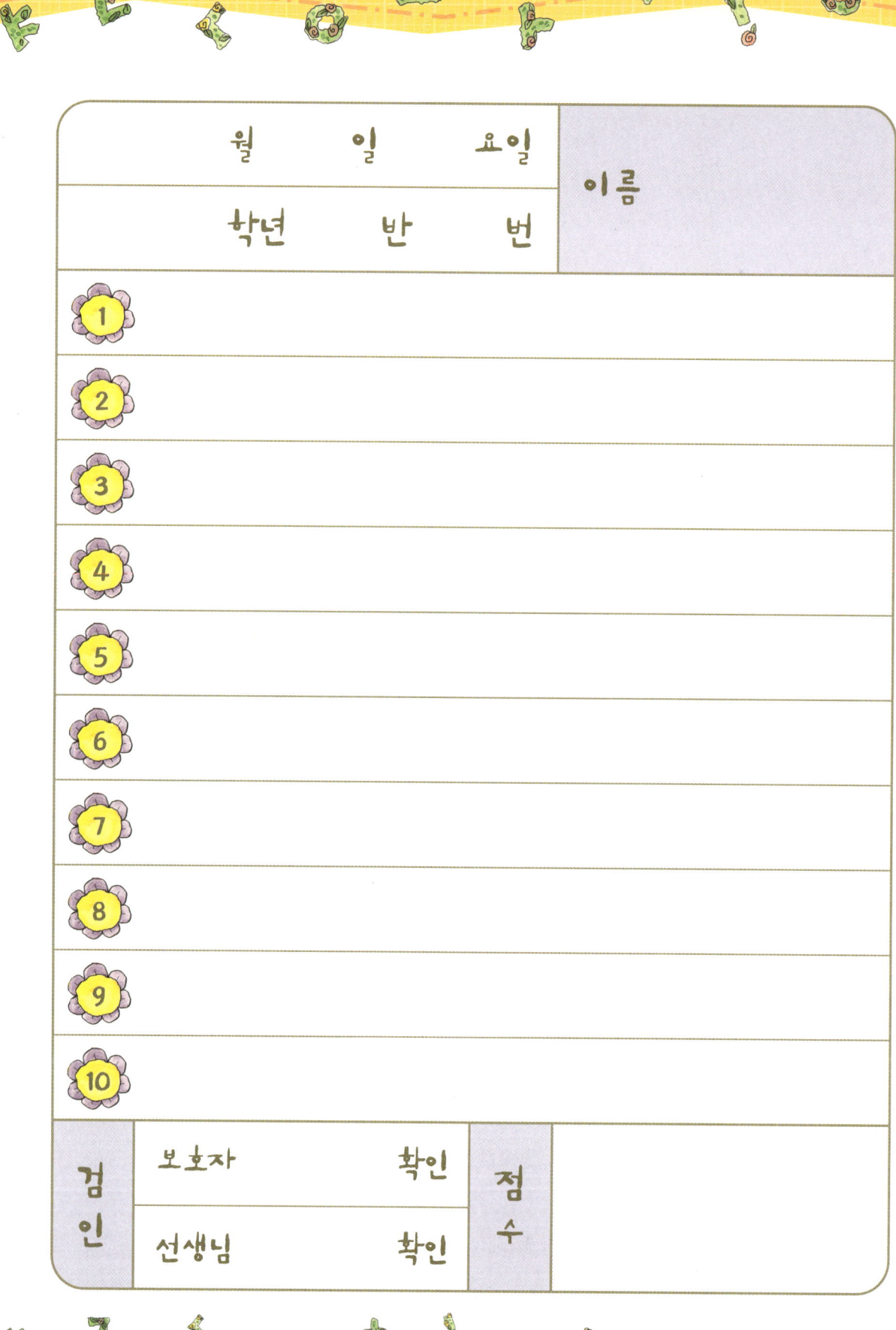

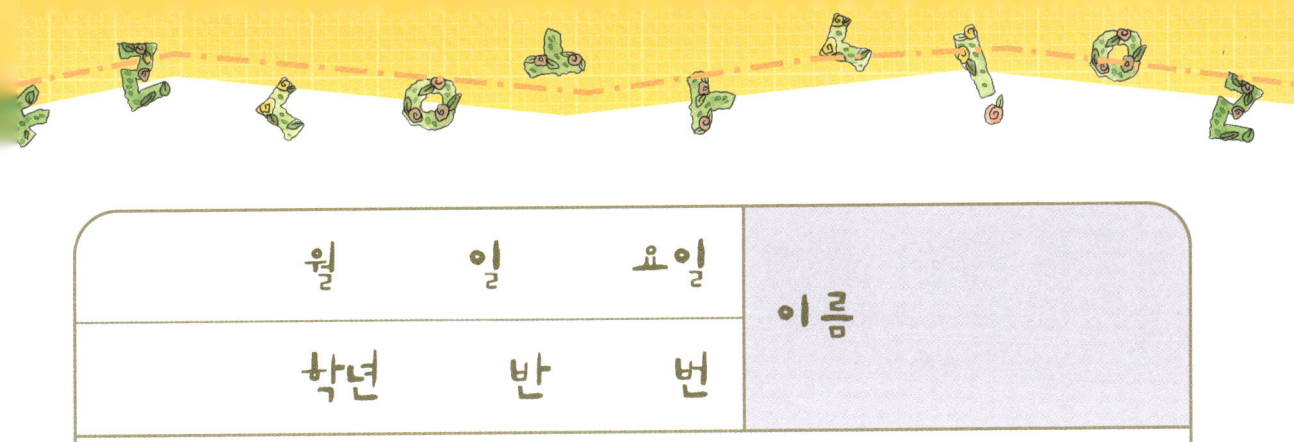

	월 일 요일	이름
	학년 반 번	

1.
2.
3.
4.
5.
6.
7.
8.
9.
10.

검인	보호자 확인	점수	
	선생님 확인		

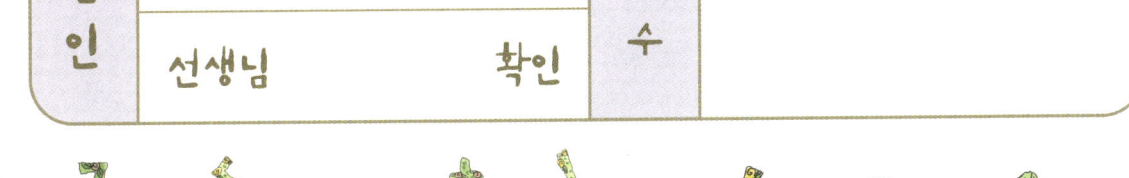

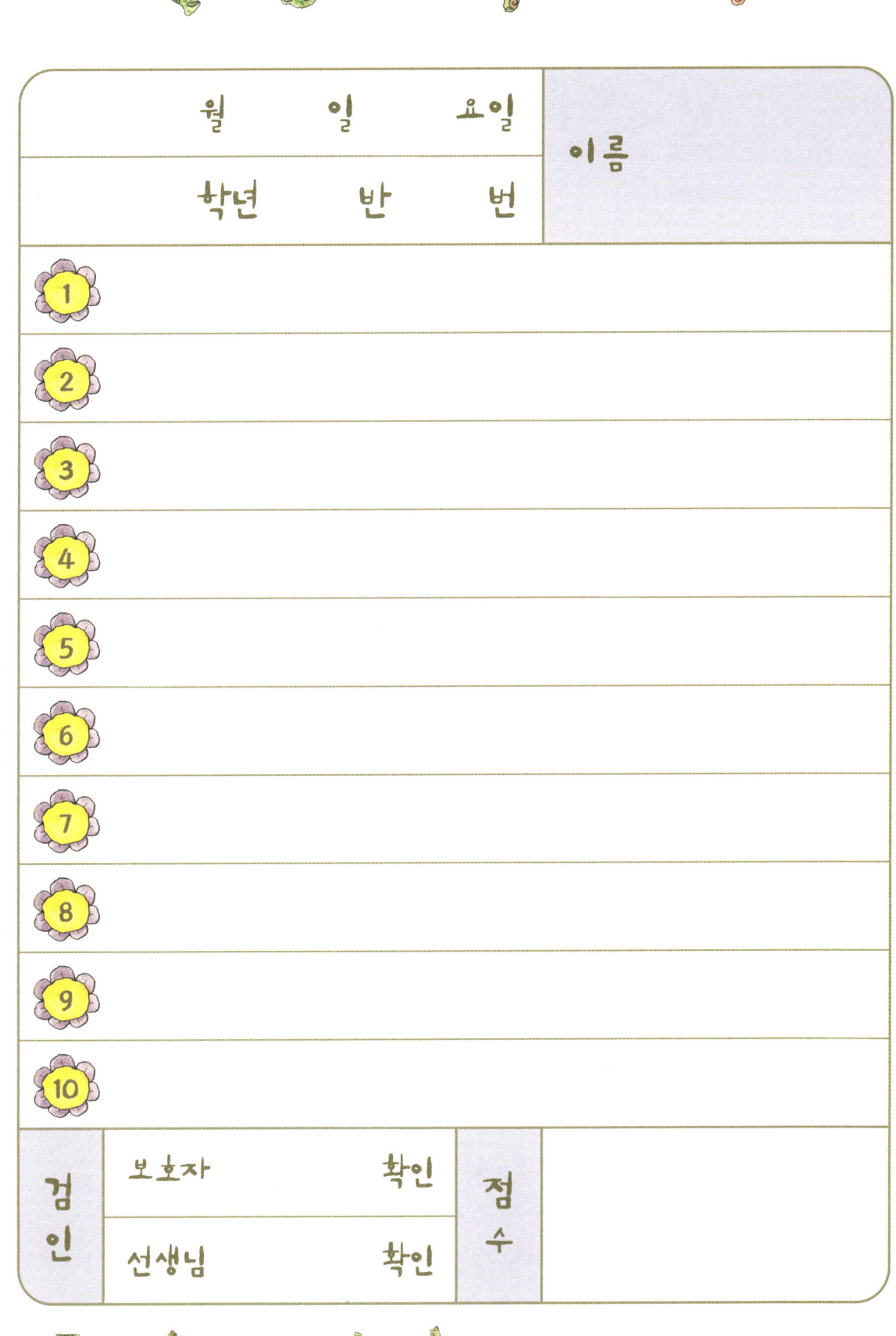

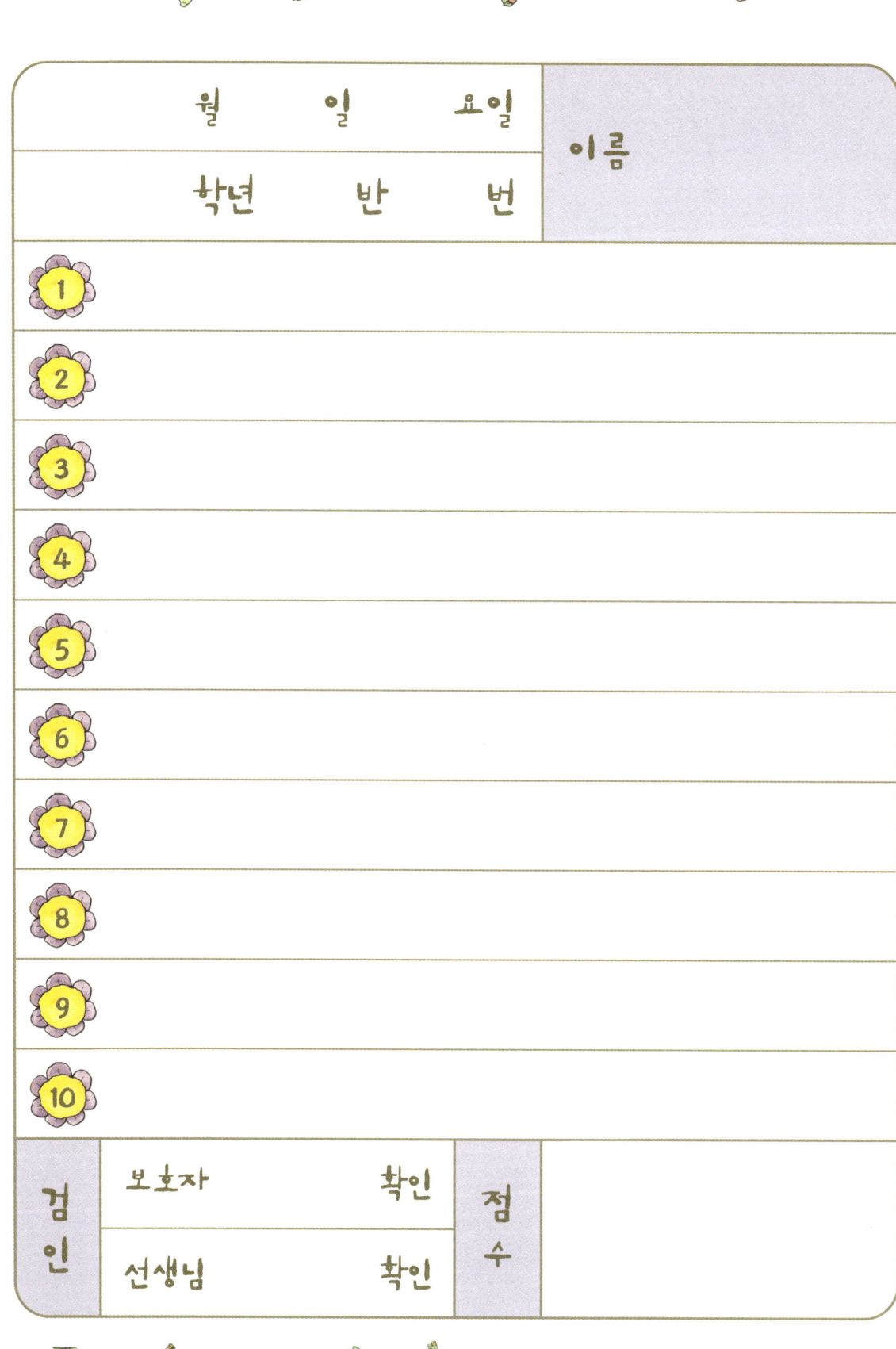

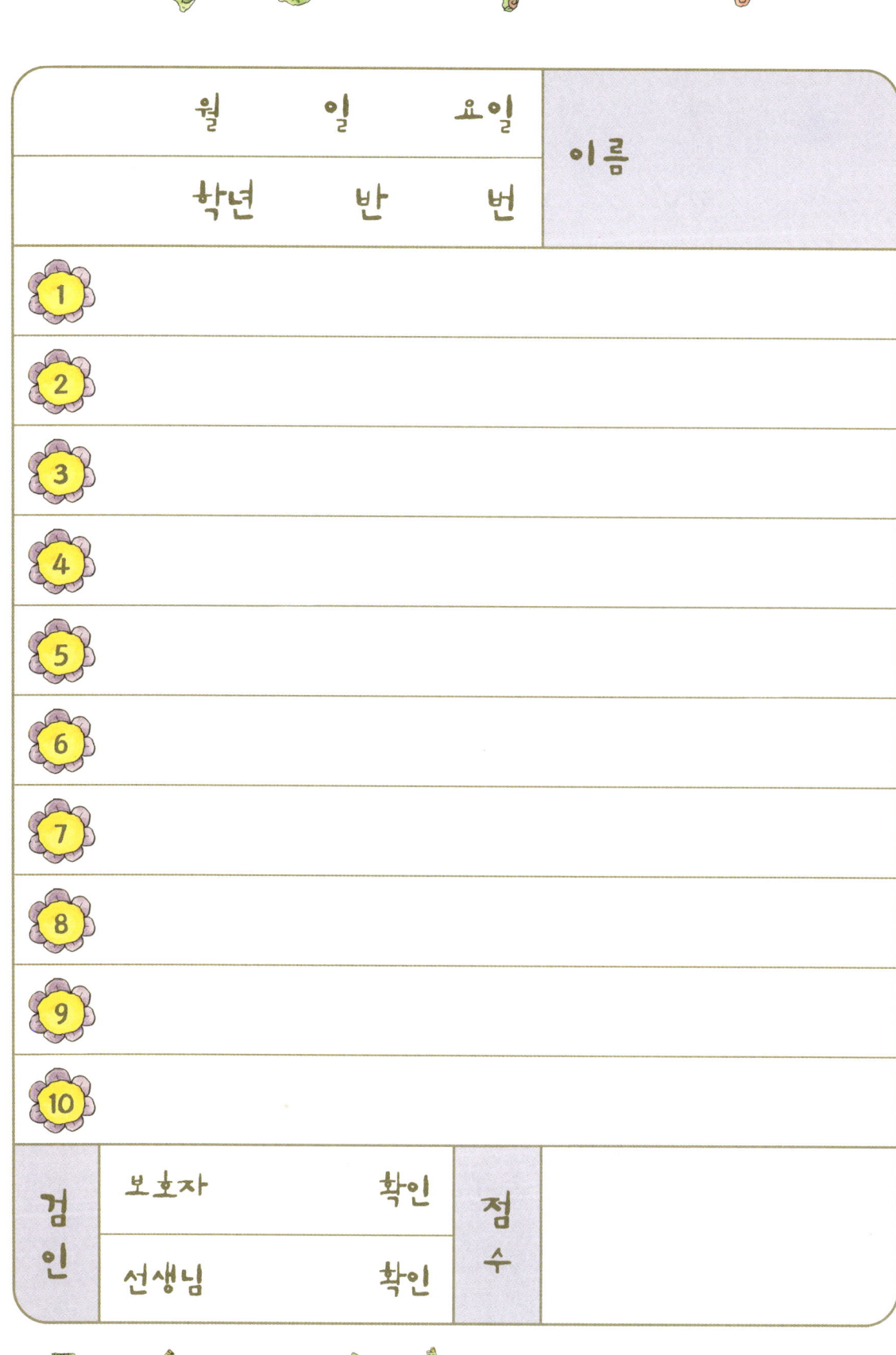

월 일 요일	이름
학년 반 번	

1.
2.
3.
4.
5.
6.
7.
8.
9.
10.

검인	보호자 확인	점수	
	선생님 확인		

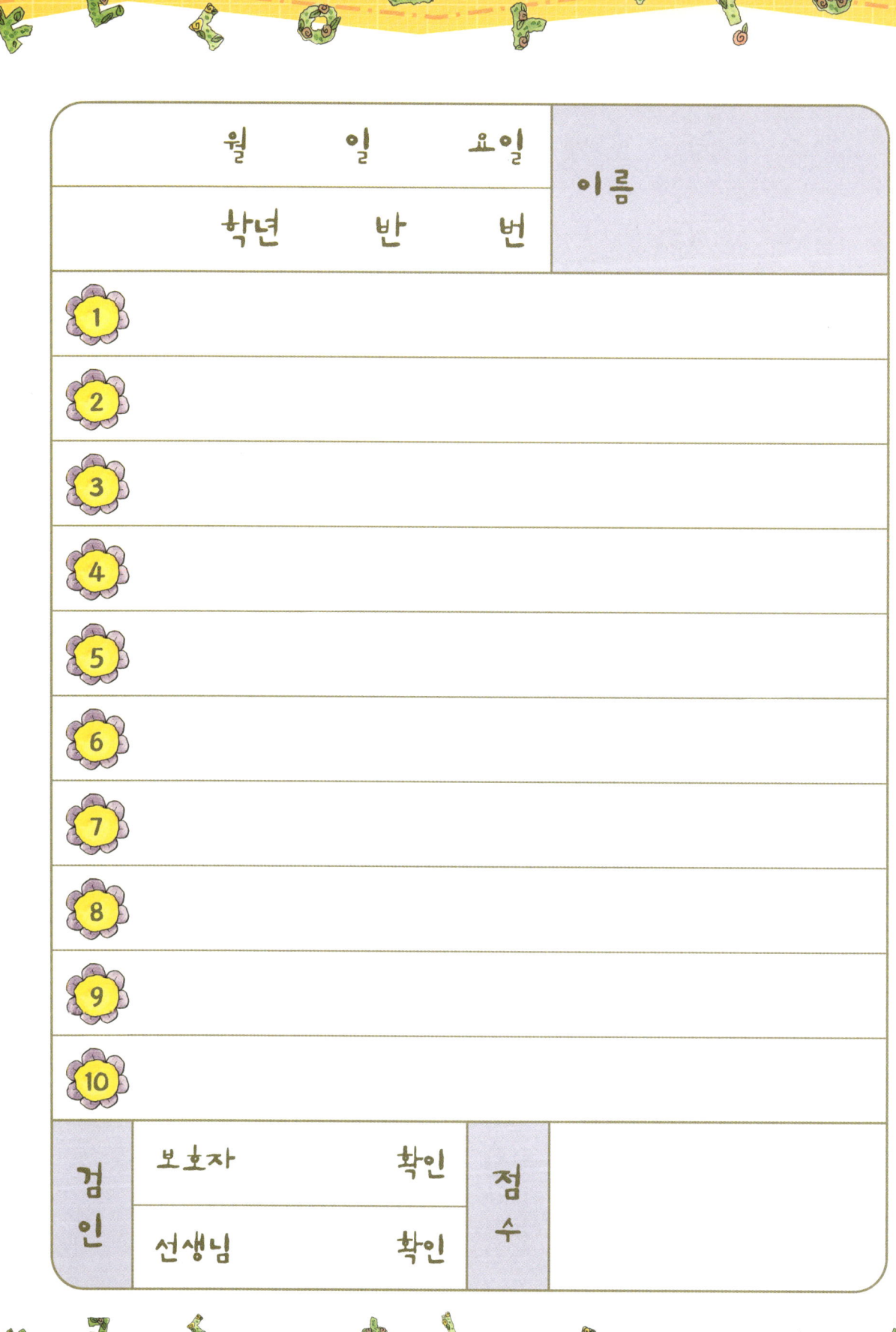

	월 일 요일	이름
	학년 반 번	

1.
2.
3.
4.
5.
6.
7.
8.
9.
10.

검인	보호자 확인	점수	
	선생님 확인		

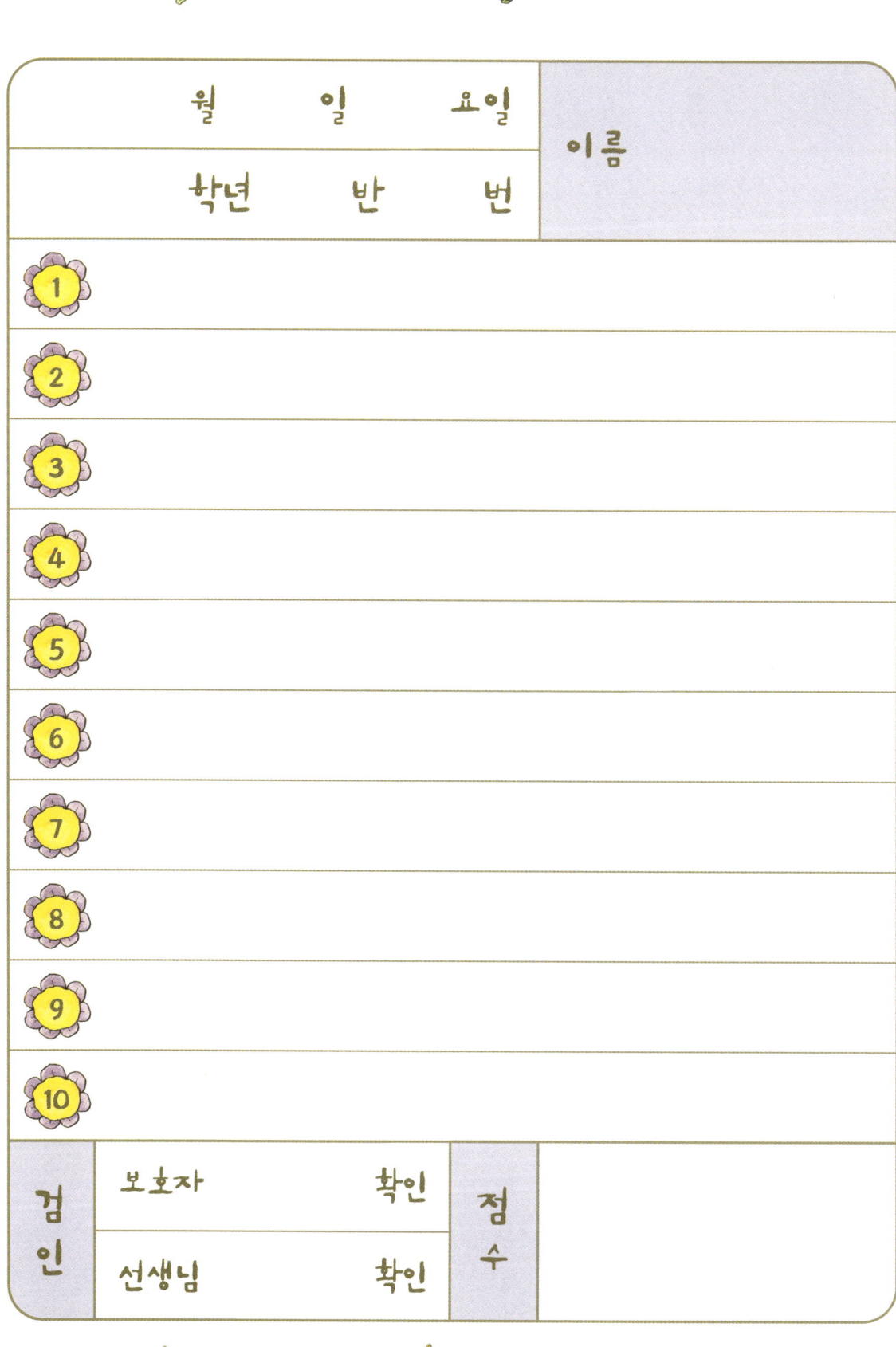

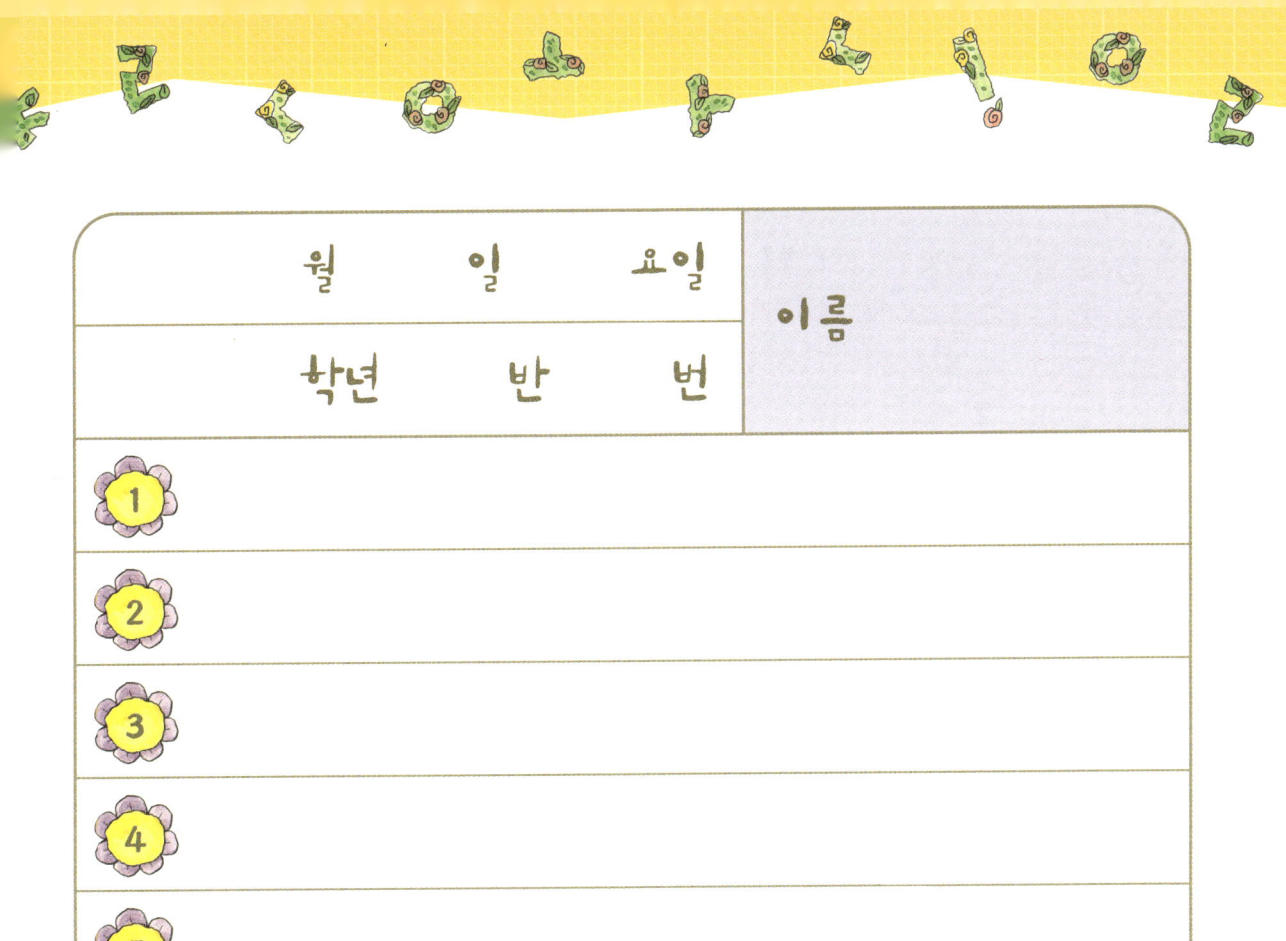

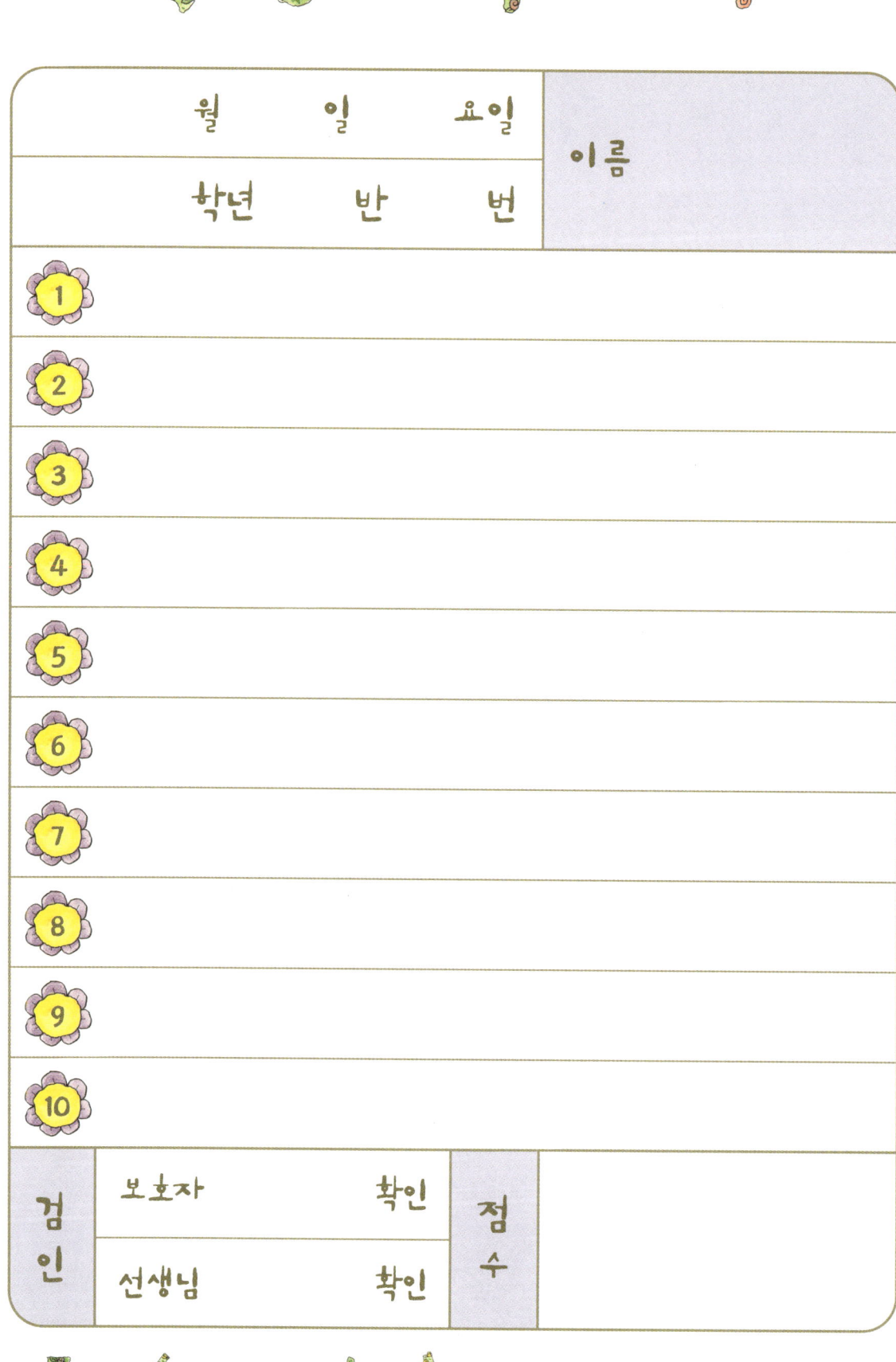

월 일 요일	이름
학년 반 번	

1.
2.
3.
4.
5.
6.
7.
8.
9.
10.

검인	보호자 확인	점수	
	선생님 확인		

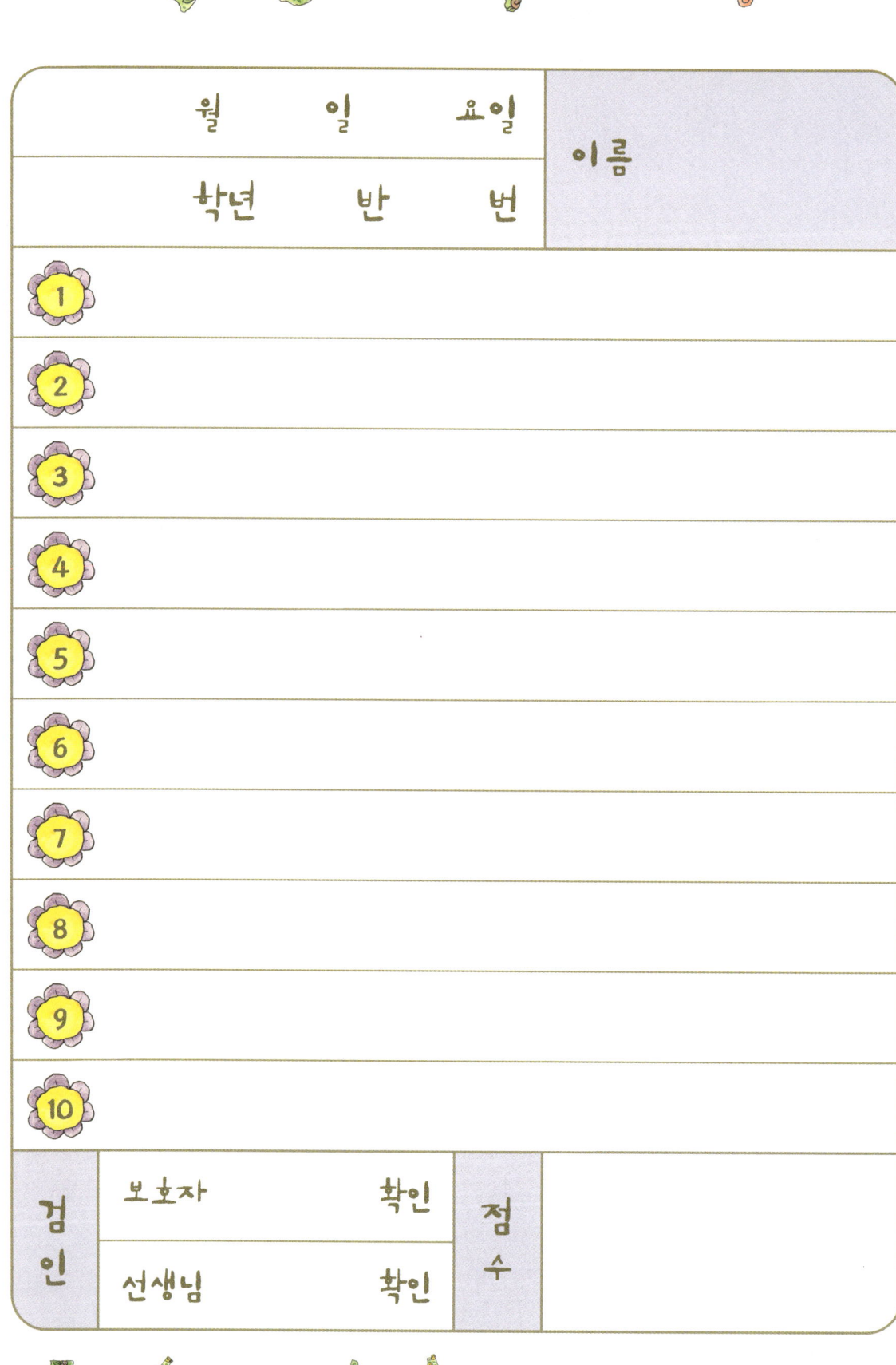

월 일 요일	이름
학년 반 번	

1.
2.
3.
4.
5.
6.
7.
8.
9.
10.

검인	보호자 확인	점수	
	선생님 확인		

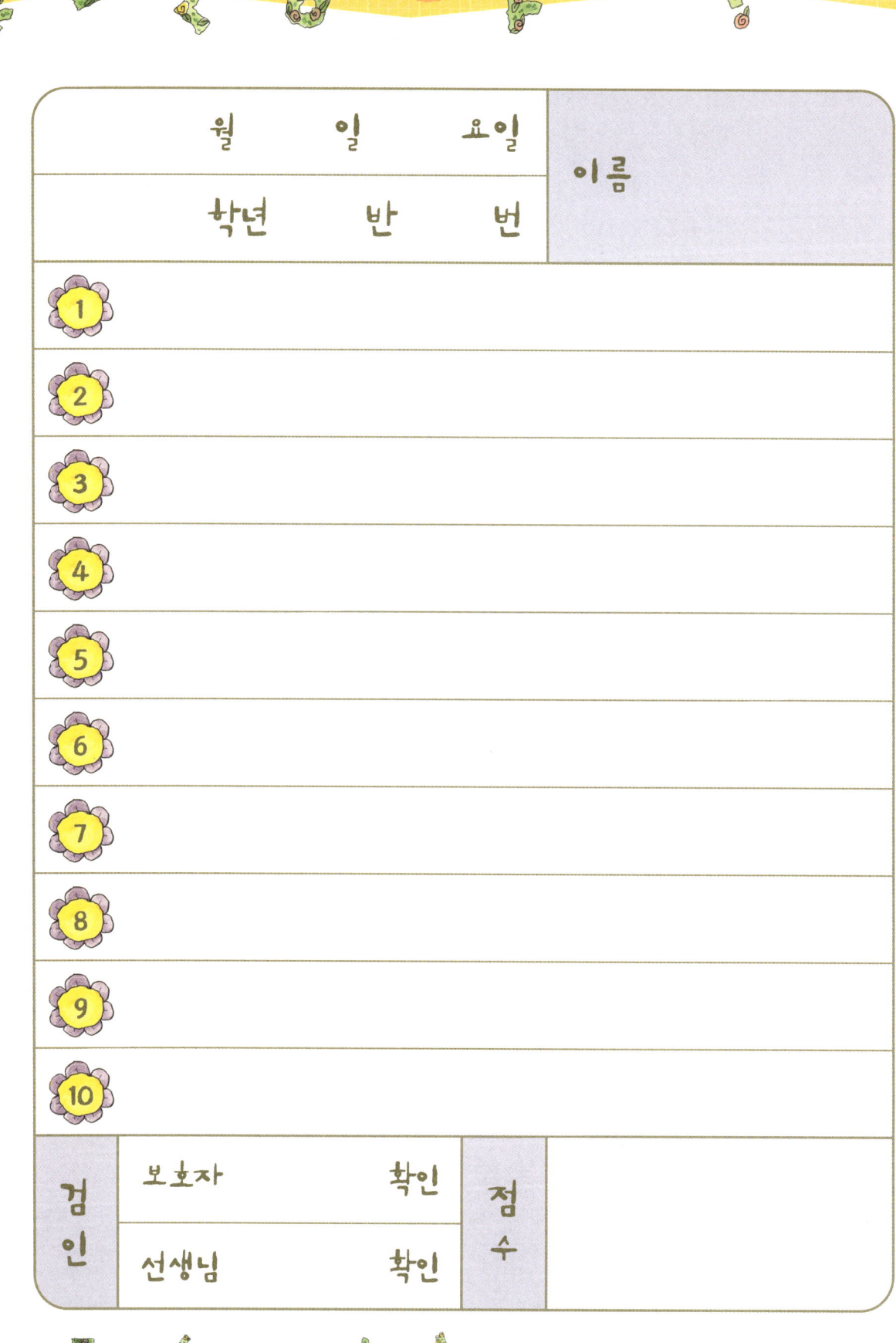

월 일 요일	이름
학년 반 번	

1.
2.
3.
4.
5.
6.
7.
8.
9.
10.

검인	보호자 확인	점수	
	선생님 확인		

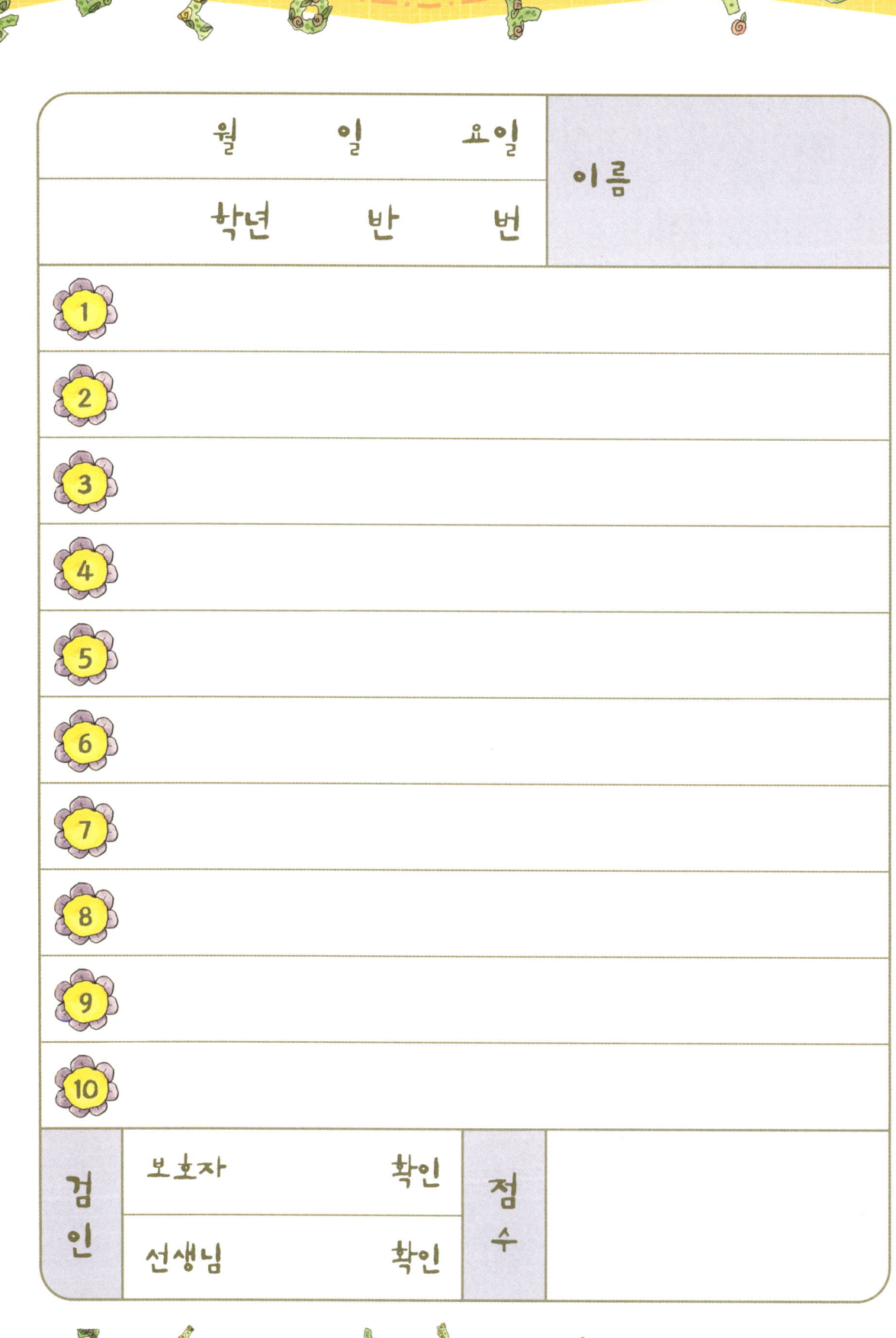

월 일 요일	이름
학년 반 번	

1.
2.
3.
4.
5.
6.
7.
8.
9.
10.

검인	보호자 확인	점수	
	선생님 확인		

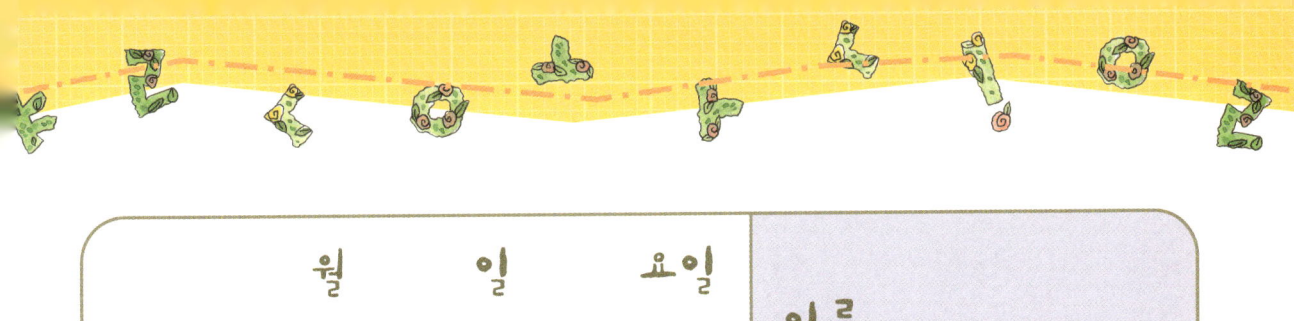

월 일 요일	이름
학년 반 번	

1.
2.
3.
4.
5.
6.
7.
8.
9.
10.

검인	보호자 확인	점수	
	선생님 확인		

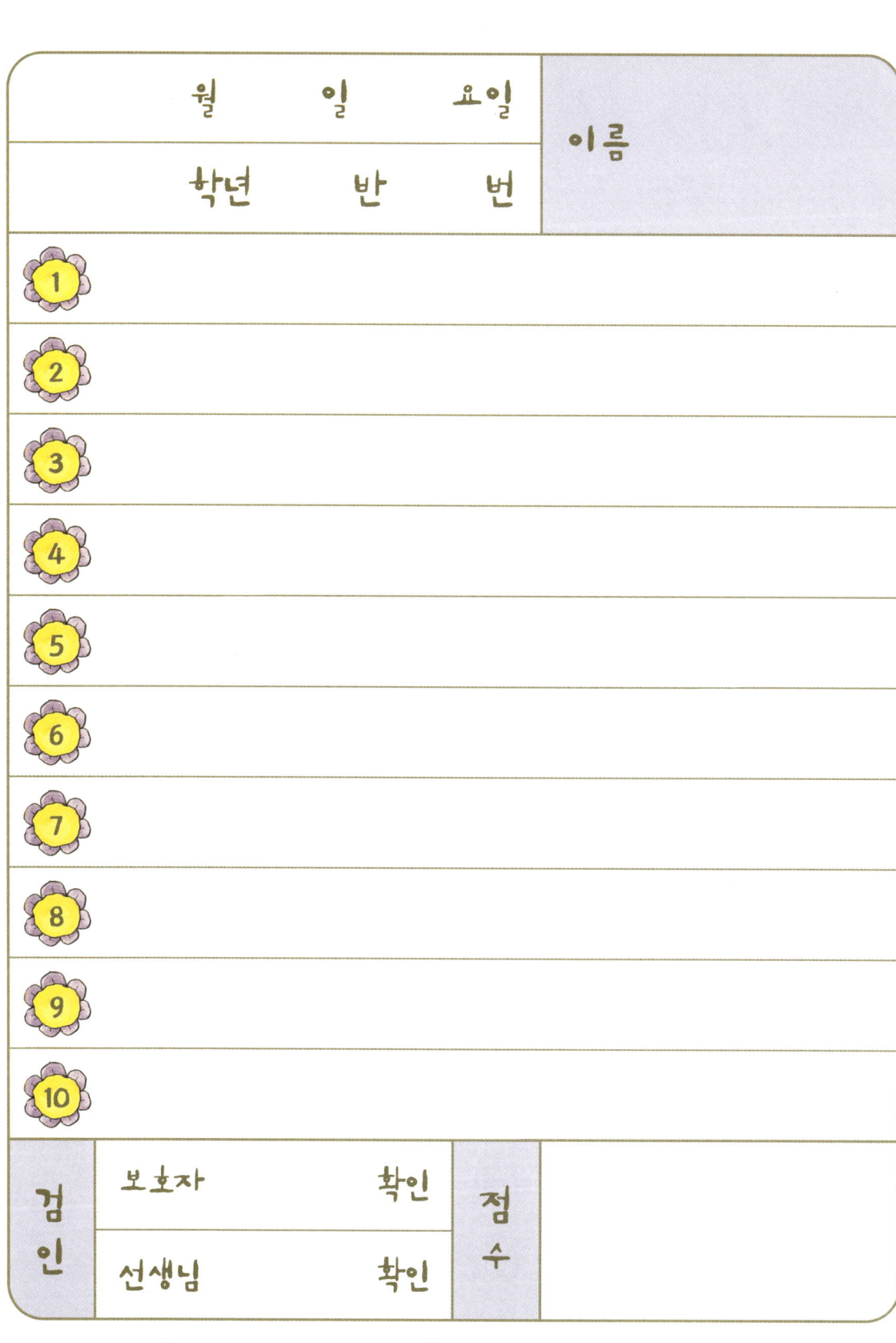

받아쓰기

✏️ 다음 단어를 바르게 고쳐 주세요.

읽기 1-2 7단원

1	이러케	➡
2	달빗	➡
3	왜양간	➡

✏️ 다음 문장에서 틀린 낱말을 찾아 고쳐 보세요.

4	김치 한 가닥 찌져 입에 넣고	➡
5	더퍼 주는 이불인가 봐.	➡
6	눈꼽도 닦고, 콧구멍도 씻고	➡
7	바람 타고 눈이 옵니다.	➡
8	세근세근 잠을 자고 있어요.	➡
9	황소 아저씨는 뜻박이었어요.	➡
10	너무 힘들자나요?	➡

16 이야기를 만들 수 있어요

듣기·말하기 1-2 7단원 / 쓰기 1-2 7단원 / 읽기 1-2 7단원

그림을 보고 이야기의 내용을 상상하고 글로 쓸 수 있어요.
나만의 재밌는 이야기를 만들 수 있어요.

행복한 토마토

감자와 당근과 토마토가 있었습니다.
셋은 아기 공주를 위해 카레라이스가 되기로 했습니다.
먼저 감자가 들어가고 당근도 들어갔습니다.
토마토가 들어가려 하자, 요리사가 말했습니다.
"안 돼! 넌 카레라이스에 어울리지 않아."
토마토는 슬펐습니다.
구석에 앉아 있는데 아기 공주님이
토마토의 손을 잡으며 함께 놀자고 했습니다.
토마토는 헤헤 웃었습니다.
그 모습을 지켜보던 감자와 당근도 하하 호호 웃었습니다.

tip
누가 나오나요? 공주, 토마토, 당근, 감자, 요리사가 나오네요.
이렇게 재밌는 이야기를 만들려면 먼저 등장인물을 상상해 보세요.
그리고 어떤 일이 있었는지 적어 보면 이야기가 만들어져요.

 설명을 들어 보아요

이야기를 만들 때는 시간의 흐름, 원인과 결과에 따라 정리하는 게 자연스러워요. 글 쓰는 게 어렵다면 먼저 그림으로 표현해 보아요.

 그림을 보고 이야기를 만들어 볼까요?

"내가 더 형이니까
하나 더 먹을 거야."
"형이면 다야! 내가 더 먹을 거라고!"
세훈이와 태훈이는 서로 빵을 더
많이 먹으려고 싸웠습니다.

엄마께서 들어오셔서
야단을 치셨습니다.
"형제끼리 서로 양보해야지!"

1. 이야기에 누가 나오나요?   세훈이, 태훈이, 엄마

2. 어떤 일이 일어났나요?   빵을 더 먹겠다고 욕심을 부리다가 혼이 났어요.

두 그림의 내용을 이어 이야기를 만들었어요.

세훈이와 태훈이는 빵을 서로 더 많이 먹겠다고 싸웠기 때문에
엄마에게 벌을 받았습니다.

스스로 해 보아요

✏️ 아래 두 그림을 보고 이야기를 만들었어요. 빈 곳에 알맞은 이야기를 써 보세요.

사자는 토끼를 잡으려고 달려갔습니다.

어디선가 ⸺

그 보자기는 사자의 머리 위에 사뿐히 내려앉았습니다.

앞이 보이지 않게 된 사자는 그 자리에 우뚝 멈춰 섰습니다.

토끼는 ⸺

사자는 ⸺

토끼는 ⸺

더 알아보아요

그림을 보고 이야기 순서에 맞게 번호를 적어 보세요. 그리고 차례에 맞게 이야기를 써 보세요.

②번. 아이들이 바나나를 먹고 있는 모습을 원숭이가 나무 위에서 보고 있었어요.

tip

뒤죽박죽 섞여 있어서 어떤 내용인지 모르겠다고요?
우선 그림 하나하나에 대한 이야기를 꾸며 보세요. '① 원숭이가 나무에서 떨어졌어요. ② 아이들이 바나나를 먹고 있는 모습을 원숭이가 나무 위에서 보고 있었어요. ③ 원숭이가 나무에서 내려가려고 하네요. ④ 원숭이가 "어흥!"이라고 소리치자 아이들은 바나나를 버리고 도망을 갔어요.' 라고 쓴 후에 순서대로 다시 쓰면 자연스런 이야기가 완성되지요.

글 놀이터

✏️ 아래 이야기를 읽고 뒷이야기를 상상해서 꾸며 보세요.

옛날 옛적에 호동이라는 소년이 살고 있었어요.
호동이는 돌로 석탑도 만들고 장식품도 만들었어요.
호동이의 손이 닿기만 하면 울퉁불퉁한 돌은 마술을 부린 것처럼
아름다운 조각상이 되었어요.
사람들은 소년의 조각상을 매우 좋아했어요.
어느 날, 호동이가 마당에 나가 보니 커다란 돌이 놓여 있었어요.
'어, 못 보던 돌이네. 누가 갖다 놨을까?'
호동이는 고개를 갸웃거리면서 정을 돌에 대었어요.
그러자 이상한 일이 일어났어요.
호동이의 생각과는 달리 정이 마음대로 움직였어요.
잠시 후 완성되고 보니 도깨비였어요.
도깨비는 잠시 후 잠에서 깨어난 듯이
폴짝 튀어 올랐어요.
호동이는 너무 놀라 뒤로 훌러덩 넘어졌어요.
"호동아! 반가워. 난 아기 도깨비야! 너랑 갈 곳이 있어서 왔어."

커다란 돌에서 튀어나온 도깨비는 호동이의 손을 잡고 아주 빠르게 걷기 시작했습니다.

1. 일이 일어난 차례에 따라 정리하면 좋은 점이 아닌 것을 고르세요.

　① 일어난 일은 빠뜨리지 않고 말할 수 있습니다.
　② 실감 나고 더 재미있게 말할 수 있습니다.
　③ 듣는 사람이 관심을 가질 수 있습니다.
　④ 어떤 일이 일어났는지 쉽게 이해할 수 있습니다.
　⑤ 내 기분을 알 수 있습니다.

2. 다음 그림을 보고 차례에 맞게 ①~④까지 번호를 쓰세요.

3. 인물을 상상하며 이야기를 읽으면 좋은 점이 무엇일까요?

　① 이야기가 더 재밌게 느껴집니다.
　② 하루를 반성할 수 있습니다.
　③ 궁금한 내용을 더 자세히 알 수 있습니다.
　④ 말의 재미를 느낄 수 있습니다.
　⑤ 감정을 표현할 수 있습니다.

✏️ 다음 단어를 바르게 고쳐 주세요.

읽기 1-2 7단원 / 쓰기 1-2 7단원

1	뚤린	➡	
2	모퉁이	➡	
3	얼구를	➡	

✏️ 다음 문장에서 틀린 낱말을 찾아 고쳐 보세요.

4	쏙 내밀어써요.	➡	
5	아빠 달마따.	➡	
6	초갓집이 먼 산까지	➡	
7	목덜미에 부터 자기도 하고	➡	
8	하얀 달빛이 비추었어요.	➡	
9	만난 것 실컷 먹으렴.	➡	
10	숨박꼭질도 하였어요.	➡	

말 잘하고, 글 잘 쓰게 도와주는 공부 비법!

★ 이 책의 기획 의도

우리 아이가 초등학교 공부를 따라갈 수 있을까요?

아이들이 초등학교에 입학을 하게 되면 부모들은 많은 걱정이 앞섭니다. 학교생활에 적응을 잘 할지, 친구들은 잘 사귈지, 수업 시간에 공부는 잘 할지 등등으로요. 그리고 방과 후 어느 학원을 보내야 할지도 고민하게 됩니다. 다들 약속이라도 한 것처럼 피아노, 미술, 태권도, 영어 학원을 보냅니다. 여러 과목의 방문 교사도 만나게 되고요. 이렇게 여러 과목 중에서 가장 중요한 것이 바로 '국어'입니다. 영어와 수학도 중요하지만 이런 과목들을 잘 해 나가려면 우리말, 우리글을 제대로 알고 있어야 하기 때문입니다.

이 책은 국어뿐 아니라 모든 학습의 기초를 다질 수 있도록 구성한 워크북입니다. 이미 유치원 때 한글을 뗐지만 아직 문장을 잘 이해하지 못하는 아이들은 이 책을 통해 체계적으로 우리말을 정리할 수 있습니다. 또 초등학교에 입학해서는 자주 시험을 보게 되는데, 이때 아이들은 내용을 몰라서가 아니라 시험 문제 푸는 요령을 잘 몰라서 틀리는 경우가 많습니다. 이 책을 통해 연습하면 자신감 있게 시험을 치를 수 있습니다.

이 책 한 권이면 국어 예습이 가능할까요?

초등 저학년 시기에는 '받아쓰기'가 매우 중요합니다. 수시로 시행되는 받아쓰기 시험을 통해 아이들은 자신감과 성취감을 느낄 수 있기 때문입니다. 이 책을 통해 틀린 부분을 단계별로 고쳐 나가다 보면 자연스럽게 맞춤법 실력이 향상될 것입니다. 이 책의 받아쓰기는 1학년 교과서 수록 단어입니다.

뿐만 아니라 이 책은 일기, 동시 쓰기, 소개글 쓰기, 이야기 쓰기 등 흥미로운 글쓰기를 유도하고 있습니다.

이 책을 잘 활용하면 아이들이 국어와 친해지고, 글을 쉽게 쓸 수 있으며, 책도 재밌게 읽을 수 있습니다. 또한 심도 있는 공부를 해낼 수 있는 자신감이 생깁니다.

★ 이 책의 특징 및 학습 방법

이 책은 아이들이 부모의 도움 없이 자기 주도 학습을 할 수 있도록 구성했습니다. 하지만 이 책을 좀 더 효과적으로 활용하려면 다음과 같이 해 보시기 바랍니다.

먼저, 각 과를 시작할 때 아이들이 도입 이야기를 술술 읽어 보게 합니다. 그런 다음 학습 목표를 선생님 흉내를 내어 가르쳐 보라고 합니다. 일종의 학교 놀이입니다. 그다음 설명을 듣고 문제를 차근차근 풀어 보게 합니다. 모르는 문제가 나오면 선생님 놀이를 한 번 더 해 보세요. 아이가 제대로 이해하지 못했다면 '글 놀이터'를 통해 반복 학습합니다. 마지막으로 '도전 백점'과 '받아쓰기'를 풀게 한 뒤 채점을 합니다.

이 책은 초등 1학년 전 교과 과정을 담았으며 '자음과 모음 익히기'를 시작으로 단어와 문장을 익히고, 시와 일기, 소개 글과 이야기 글을 쓸 수 있도록 했습니다. 각 과마다 단계별로 내용을 구성하여 아이들이 별 어려움 없이 스스로 공부할 수 있습니다.

★ 각 과별 학습 목표

1과	자음과 모음 익히기	9과	꾸미는 말 익히기
2과	받침 있는 글자 익히기	10과	흉내 내는 말 익히기
3과	바르게 읽는 법 배우기	11과	문장의 순서 익히기
4과	임자말과 풀이말 익히기	12과	내용이 담긴 문장 쓰는 법 배우기
5과	문장부호의 쓰임 익히기	13과	동시 써 보기
6과	이어 주는 말 익히기	14과	그림일기 쓰는 법 배우기
7과	토씨의 쓰임 익히기	15과	소개하는 글 쓰는 법 배우기
8과	시제의 올바른 사용법 익히기	16과	이야기 쓰는 법 배우기

학부모 가이드

★ 각 과별 구성

> 각 과의 **학습 목표**를 통해 **학습할 내용을** 알려 줍니다.

> 각 장에서 **배울 내용을** 짧은 글을 통해 미리 파악해 봅니다.

> 각 과에서 **배워야 할 내용을** 알기 쉽게 설명해 줍니다.

> 설명을 이해했는지 **기초 학습 문제를** 풀어 봅니다.

1~2

3~4
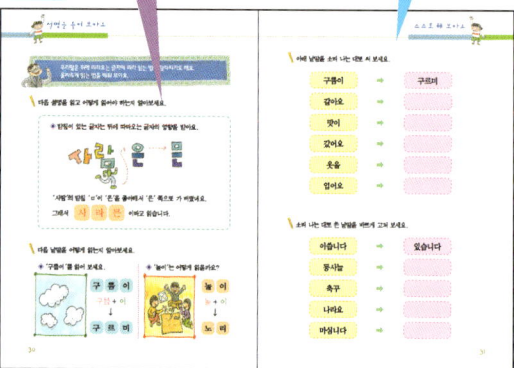

5~6
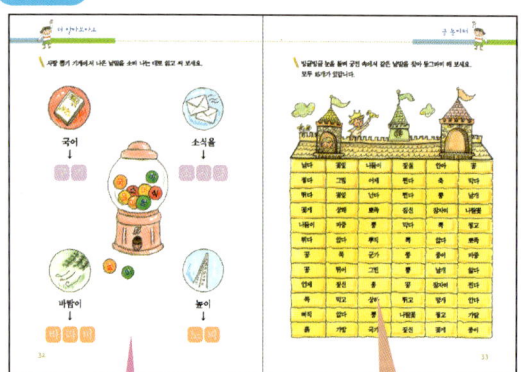

7~8
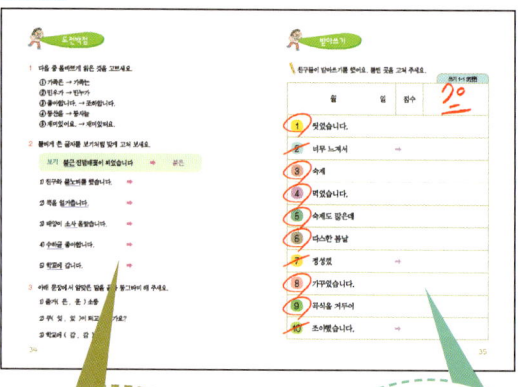

> 각 과의 내용을 **좀 더 깊이 있게** 공부해 봅니다.

> 줄 긋기, 색칠하기, 미로 찾기 등의 **놀이를 통해 내용을 반복 학습**합니다.

> 단원 종합 문제로, 어린이 스스로 내운 내용을 평가해 볼 수 있습니다. 학교 시험에도 대비할 수 있습니다.

> 잘못된 받아쓰기 **답안지를 고치면서 맞춤법을 익힙니다.** 받아쓰기에 나오는 단어나 문장은 모두 개정된 **1학년 국어 교과서에서** 발췌했습니다.

정답 및 해설

기초 튼튼 1학년 1등 국어 정답 및 해설

1. 자음과 모음을 알아요

15쪽 〈스스로 해 보아요〉

(해설) ㄱ → 기역 / ㅇ → 이응 / ㄹ → 리을

16쪽 〈더 알아보아요〉

① 노래 ② 피아노 ③ 춤 ④ 나뭇잎

17쪽 〈글 놀이터〉

18쪽 〈도전 백점〉

3. ④번

(해설) 'ㅋ'은 [키읔]이라고 읽습니다.

19쪽 〈받아쓰기〉

1. 시계 4. 계단 9. 소풍 10. 전화번호

2. 받침 있는 글자를 알아요

23쪽 〈스스로 해 보아요〉

모음자 자음자	ㅏ(아)	ㅓ(어)	ㅗ(오)	ㅜ(우)	ㅡ(으)	ㅣ(이)
ㄱ(기역)	가	거	고	구	그	기
ㄴ(니은)	나	너	노	누	느	니
ㄷ(디귿)	다	더	도	두	드	디
ㄹ(리을)	라	러	로	루	르	리
ㅁ(미음)	마	머	모	무	므	미
ㅂ(비읍)	바	버	보	부	브	비
ㅅ(시옷)	사	서	소	수	스	시
ㅇ(이응)	아	어	오	우	으	이
ㅈ(지읒)	자	저	조	주	즈	지
ㅊ(치읓)	차	처	초	추	츠	치
ㅋ(키읔)	카	커	코	쿠	크	키
ㅌ(티읕)	타	터	토	투	트	티
ㅍ(피읖)	파	퍼	포	푸	프	피
ㅎ(히읗)	하	허	호	후	흐	히

24쪽 〈더 알아보아요〉

· 가방 = ㄱ + ㅏ + ㅂ + ㅏ + ㅇ
· 병아리 = ㅂ + ㅕ + ㅇ + ㅇ + ㅏ + ㄹ + ㅣ

25쪽 〈글 놀이터〉

· 나뭇잎 = ㄴ + ㅏ + ㅁ + ㅜ + ㅅ + ㅇ + ㅣ + ㅍ
· 옷 = ㅇ + ㅗ + ㅅ   · 풀 = ㅍ + ㅜ + ㄹ

26쪽 〈도전 백점〉

1. 1) 신발 2) 주사위 3) 컴퓨터
2. ①-아기, ②-머리, ③-우유,
   ④-해님, ⑤-오이

27쪽 〈받아쓰기〉

1. 장난감 3. 색연필 5. 색종이
6. 생일이야 8. 내 친구

3. 바르게 소리 내어 읽을 수 있어요

31쪽 〈스스로 해 보아요〉

· 같아요 → 가타요, 맛이 → 마시,

  갔어요 → 가써요, 옷을 → 오슬, 입어요 → 이버요

· 등사늘 → 등산을, 축꾸 → 축구,

  나라요 → 날아요, 마심니다 → 마십니다

33쪽 〈글 놀이터〉

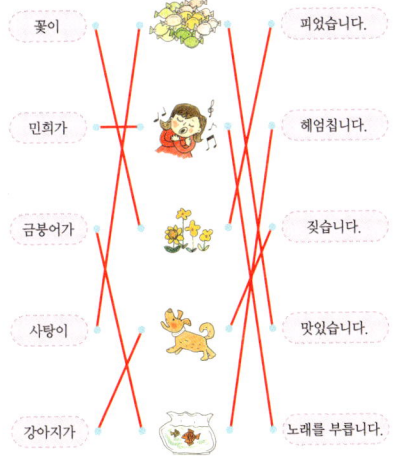

34쪽 〈도전 백점〉

1. ④번

2. 1) 물놀이 2) 읽었습니다. 3) 솟아

   4) 수학을 5) 학교에

3. 1) 운 2) 엇 3) 갑

35쪽 〈받아쓰기〉

2. 너무 늦어서 7. 정성껏 10. 좋아했습니다.

4. 임자말과 풀이말을 익혀요

39쪽 〈스스로 해 보아요〉

① 비가 온다. 비가 내린다. 비가 쏟아진다. 등

② 나는 어린이다. 나는 여자이다.

   나는 소녀이다. 등

   수박은 과일이다. 수박은 먹을거리다. 등

③ 고추는 맵다. 고추는 빨갛다. 고추는 작다. 등

   기차는 빠르다. 기차는 길다. 등

40쪽 〈더 알아보아요〉

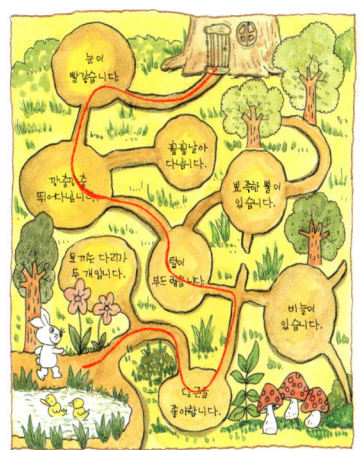

41쪽 〈글 놀이터〉

145

기초 튼튼 1학년 1등 국어 정답 및 해설

42쪽 〈도전 백점〉

1. ③번

   (해설) 임자말과 풀이말의 위치가 바뀌었습니다.

2. ①번

   (해설) '민우가' 라는 임자말 다음에는 동작이나 행동을 표현하는 풀이말이 오는 것이 자연스럽습니다. 따라서 '노래입니다' 가 아니라 '노래를 부릅니다' 라고 써야 합니다.

3. ①번

   (해설) ②~⑤번은 임자말이고 ①번은 행동을 뜻하는 풀이말입니다.

4. ③번

43쪽 〈받아쓰기〉

1. **눈빛이 별처럼**   8. **괜찮아요.**

10. **어젯밤에 책을 읽다가**

5. 문장 부호의 쓰임을 알아요

47쪽 〈스스로 해 보아요〉

무서운 꿈을 꾸었다 .
나도 모르게 큰 소리로 울었다 .
" 정민아 ! 왜 그래 ? "
어머니께서 놀라서 내 방으로 오셨다 .
" 휴 , 다행이다 ! " 라고 생각했다 .
악어가 내 가방을 물고 도망가는 꿈은 정말 끔찍했다 .

48쪽 〈더 알아보아요〉

49쪽 〈글 놀이터〉

50쪽 〈도전 백점〉

1. ①-ㄷ, ②-ㄱ, ③-ㄴ, ④-ㅁ,
   ⑤-ㅂ, ⑥-ㄹ

2. ③번

   (해설) ①번 !(느낌표)는 느낌을 나타내는 문장에 씁니다. ②번 .(온점)은 문장이 끝날 때 씁니다. ④번 ?(물음표)는 물어보는 말에 씁니다. ⑤번 " "(큰따옴표)는 대화하는 문장의 앞과 뒤에 씁니다.

3. ②번

   (해설) 물어보는 문장이므로 ?(물음표)를 써야 합니다.

51쪽 〈받아쓰기〉

3. **음식을 골고루 먹습니다.**   6. **기분이 나빴습니다.**

8. **옛날 옛적에**   9. **맷돌을 훔쳐갔습니다.**

6. 이어 주는 말을 익혀 보아요

55쪽 〈스스로 해 보아요〉

· 그리고 놀이터에도 갔다.

- 왜냐하면 줄넘기 줄을 사야 하기 때문이다.
- 그러나 일요일이라서 문을 열지 않았다.

56쪽 〈더 알아보아요〉

1. 그리고 2. 그래서 3. 왜냐하면 4. 그러나

57쪽 〈글 놀이터〉

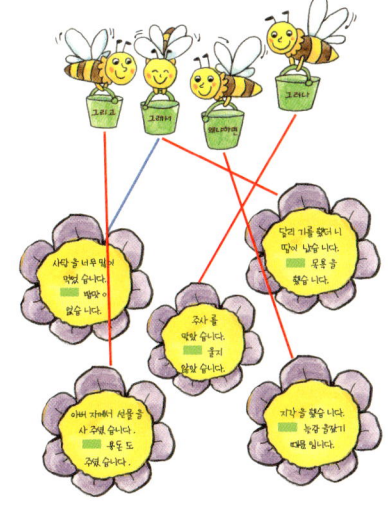

58쪽 〈도전 백점〉

1. ②번 2. ①번 3. ③번 4. ④번
5. ②번

　(해설) 달리기를 했다. 그래서 숨이 가빴다. 달리기를 한 결과로 숨이 가쁜 것이므로 '그래서'를 써야 합니다.

59쪽 〈받아쓰기〉

2. 쉬지 않고 돌았습니다.
3. 기우뚱거리기 시작하였습니다.
4. 가라앉고 말았습니다.
5. 빚을 갚기 위하여
10. 눈을 비볐대요.

7. 토씨를 정확하게 쓸 수 있어요

63쪽 〈스스로 해 보아요〉

1) 는 2) 를 3) 가 4) 을 5) 이 6) 는

64쪽 〈더 알아보아요〉

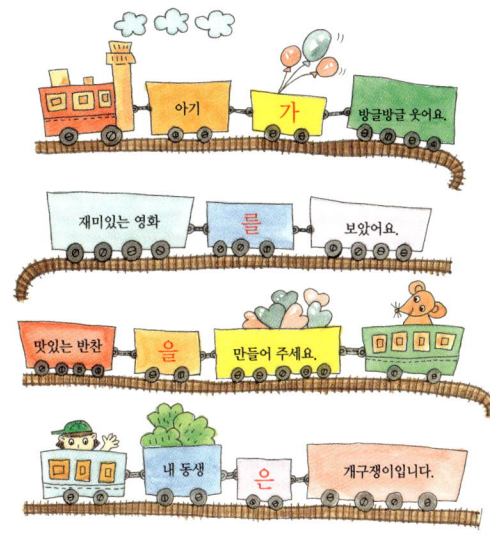

65쪽 〈글 놀이터〉

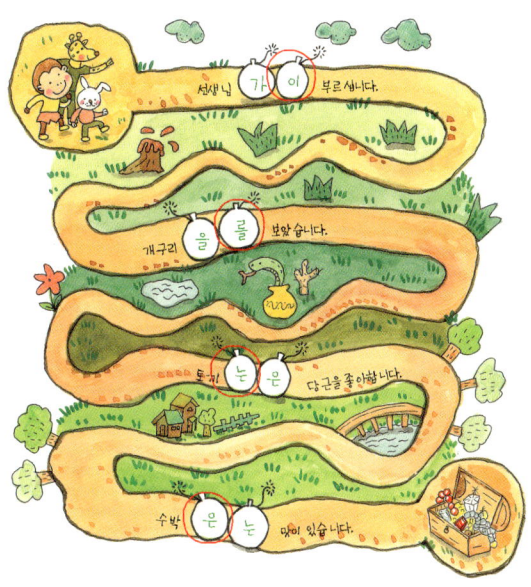

기초 튼튼 1학년 1등 국어 정답 및 해설

66쪽 〈도전 백점〉

1. ②번 2. ①번
3. ④번

   (해설) 앞 글자가 모두 받침이 있는 낱말이기 때문에 '을'을 써야 합니다.

67쪽 〈받아쓰기〉

2. 빨갛게 익은 수박 속   4. 병으로 돌아가셨어요.
9. 천천히 다시 한 번   10. 항상 머리를 긁적이는

8. 때를 나타내는 말을 알아요

71쪽 〈스스로 해 보아요〉

· 나는 노래를 불렀습니다. – 과거
· 책을 읽고 있습니다. – 현재
· 목욕을 할 것입니다. – 미래
· 심부름을 갈 것입니다. – 미래
· 아이스크림을 먹고 있습니다. – 현재

72쪽 〈더 알아보아요〉

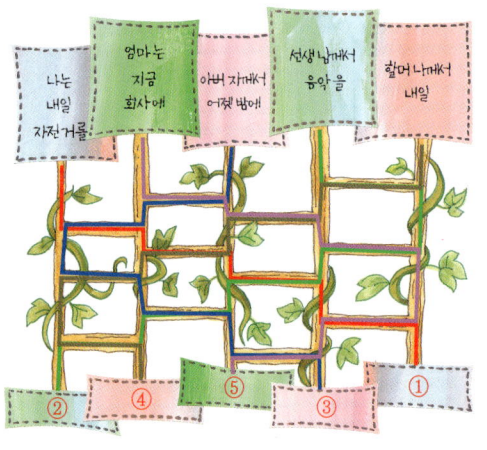

73쪽 〈글 놀이터〉

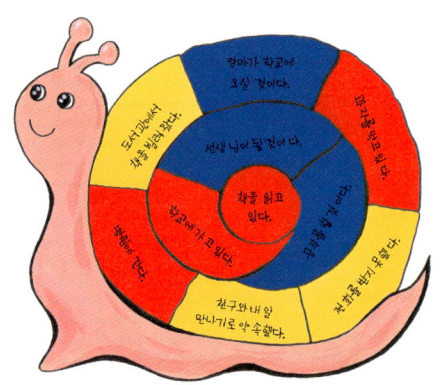

74쪽 〈도전 백점〉

1. ⑤번

   (해설) '내일'은 미래를 나타내는 낱말이므로 '갔다'를 '갈 것이다'라고 고쳐야 합니다.

2. ① 부를 것이다

   (해설) '다음'은 미래를 나타내는 말입니다.

   ② 할 것이다

   (해설) '다음부터는'은 미래를 나타내는 말입니다.

   ③ 먹었다

   (해설) '어제'는 과거를 나타내는 말입니다.

   ④ 왔다

   (해설) '지난주'는 과거를 나타내는 말입니다.

   ⑤ 할 것이다

   (해설) '내일'은 미래를 나타내는 말입니다.

75쪽 〈받아쓰기〉

6. 떡을 만들어 먹기로
7. 쫓아가 먼저 잡는 쪽이
9. 두꺼비한테
10. 돈을 모두 갚지 못하였어요.

9. 꾸미는 말을 익혀 보아요

79쪽 〈스스로 해 보아요〉

1) (차가운) 비가 (세차게) 내려요.
   (보슬보슬) 비가 (촉촉하게) 내려요.
2) (예쁜) 꽃이 (알록달록) 피었어요.
   (분홍색) 꽃이 (아름답게) 피었어요.

80쪽 〈더 알아보아요〉

81쪽 〈글 놀이터〉

| 1 학년 | 3 반 | 이름 쥐돌이 | 점수 |

1. 산에 (넓적한) 바위가 있어요. 3. 물건을 (조심조심) 옮겨요.
2. 꽃이 (활짝) 피었어요. 4. 토끼가 (깡충깡충) 뛰어요.

82쪽 〈도전 백점〉

1. 정답게 2. 주르륵 3. 귀여운 4. 높은
5. 기다란 6. 따뜻한 7. 즐겁게 8. 빠알간

83쪽 〈받아쓰기〉

1. 살래살래 2. 쫑긋쫑긋 3. 넘어뜨린
4. 밑에 5. 밖을 6. 찬찬히 7. 세수하래요.
8. 그만뒀다. 9. 깨우셨어요? 10. 볶음밥을

10. 흉내말을 사용할 줄 알아요

87쪽 〈스스로 해 보아요〉

88쪽 〈더 알아보아요〉

149

기초 튼튼 1학년 1등 국어 정답 및 해설

89쪽 〈글 놀이터〉

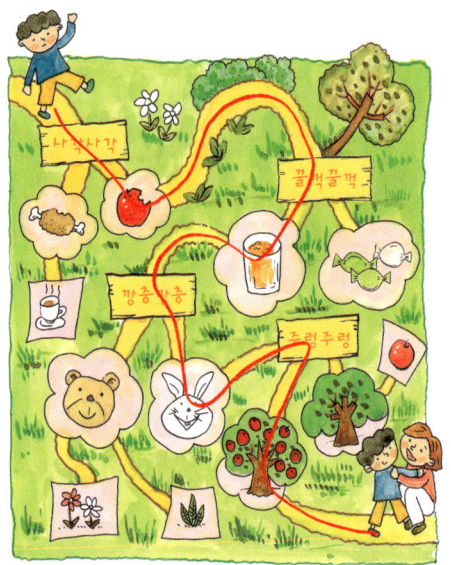

90쪽 〈도전 백점〉

1. ④번 2. 소리 3. 모양
4. (예) 칙칙폭폭, 뿌뿌, 철커덕 등
5. (예) 오리가 뒤뚱뒤뚱 걸어요.
   (예) 개구리가 개굴개굴 울어요.
   (예) 나비가 팔랑팔랑 날아다녀요.

91쪽 〈받아쓰기〉

1. 달맞이꽃 2. 재미있다. 3. 막상 4. 부릅니다.
5. 맞걸어 6. 까닭 없이 7. 붙여진 8. 우주에
9. 실험용 10. 계획을

11. 문장을 올바르게 쓸 수 있어요

95쪽 〈스스로 해 보아요〉

1) 우리들은 노래를 불렀습니다.
2) 노란 꽃이 피었습니다.
3) 어머니께서 방바닥을 닦으십니다.

96쪽 〈더 알아보아요〉

· ② 공을 놓쳐 버렸습니다.
· ③ 빨간 사과를 먹습니다.
· ④ 상을 받아서 기분이 좋습니다.
· ⑤ 강아지가 멍멍 짖습니다.

97쪽 〈글 놀이터〉

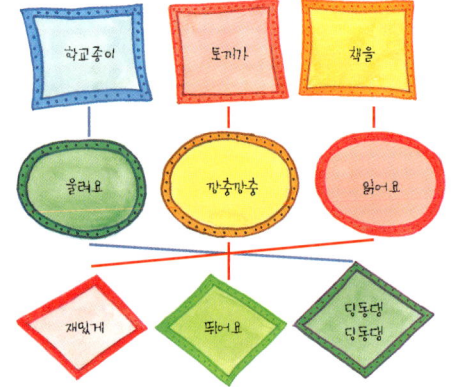

· 토끼가 깡충깡충 뛰어요.
· 책을 재밌게 읽어요.

98쪽 〈도전 백점〉

1. ③, ①, ②
   (해설) 현수가 나무토막을 쌓았습니다.
2. ②, ③, ①
   (해설) 주희는 사과를 좋아합니다.
3. ②, ①, ③
   (해설) 나는 물고기를 잡았습니다.
4. ③, ②, ①
   (해설) 정민이는 시험을 보았습니다.
5. ④번
   (해설) 엄마가 청소를 합니다.

99쪽 〈받아쓰기〉

1. 햇살 2. 돌부리 3. 도련님 4. 센지
5. 반듯하게 6. 며칠이 7. 끝나지
8. 둥지째 9. 부릅뜨고 10. 공짜

12. 누가, 언제, 어디서, 무엇을 했는지 알 수 있어요

103쪽 〈스스로 해 보아요〉

1. 아빠, 엄마, 나   2. 일요일 아침
3. 뒷산 약수터   4. 체조를 했다.

104쪽 〈더 알아보아요〉

1) (예) 민수는 낮에 운동장에서 공을 찼습니다. 나는 방학 때 운동장에서 축구를 했습니다. 등
2) (예) 엄마는 일요일에 병원으로 병문안을 갔습니다. 이모가 어제 병원으로 문병을 왔습니다. 등

105쪽 〈글 놀이터〉

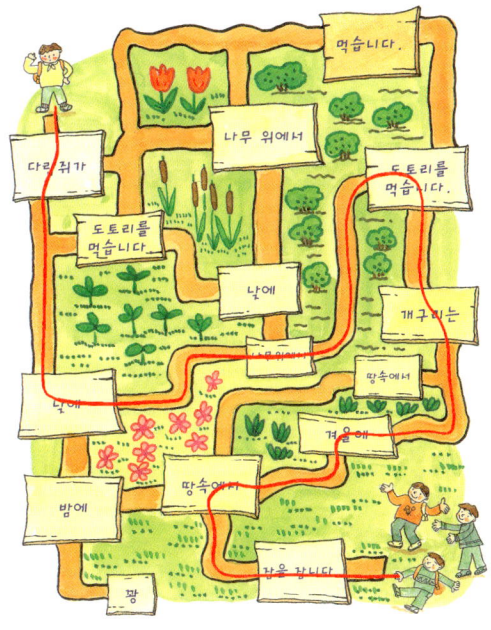

106쪽 〈도전 백점〉

1. ①번 2. ①번, ④번 3. ③번
4. 승환이가 아침에 거실에서 양말을 신습니다.
5. 아이들이 점심시간에 운동장에서 공을 찹니다.

107쪽 〈받아쓰기〉

1. 밭에 2. 바닷가 3. 돗자리 4. 캐러
5. 뽑혀 6. 도대체 7. 달콤한 8. 굵고
9. 사람이래요. 10. 달려가

13. 동시를 쓸 수 있어요

111쪽 〈스스로 해 보아요〉

1. 뛰어가는   2. 흐르는   3. 내리는
4. (예) 바다, 호수 등   5. (예) 호랑이, 사자 등

112쪽 〈더 알아보아요〉

예시 답안

별과 꽃
- 하유미

하늘엔 별이 있고
땅 위엔 꽃이 있네

별은 반짝반짝
꽃은 활짝

별과 꽃은
조용히 마주 보고 있네

별이 빛나서
꽃이 아름다워서

별과 돌멩이
- ( )

하늘엔 별이 있고
땅 위엔 돌멩이가 있네

별은 (초롱초롱)
돌멩이는 (동글동글)

별과 돌멩이는
조용히 마주 보고 있네

별이 (예뻐서)
돌멩이가 (귀여워서)

계절
- 김지성

봄에는 (파릇파릇)
새싹이 돋고
여름에는 (쑥쑥쑥)
나무가 자라지요
가을에는 (울긋불긋)
단풍이 들고요
겨울에는 (펄펄)
눈이 내리지요

보기 펄펄, 파릇파릇, 울긋불긋, 쑥쑥쑥

기초 튼튼 1학년 1등 국어 정답 및 해설

113쪽 〈글 놀이터〉

제목 : 피자
이름 : 고주희

꼴깍꼴깍
너무
맛있는 피자

소시지, 감자, 양파, 치즈가
쏙쏙
들어가 있는 피자

톡 쏘는 콜라
새콤달콤한 피클
고소한 피자
서로서로 친구지요.

제목 : 우리 오빠
이름 : 양희주

동글동글 공같이 생긴
우리 오빠

잘못한 일은
내 핑계를 댄다.

내가 공인가 뻥뻥 차게
오빠가 망친가
허벅지를 폭폭 때리게

그런데 오늘은
다리가 아프다고 하니까
조심조심
자전거를 태워 준다.

114쪽 〈도전 백점〉

1. ③번, ⑤번   2. ④번   3. ②번

115쪽 〈받아쓰기〉

1. 박물관   2. 낙하산   3. 꼬리잡기   4. 굽혀
5. 껴안습니다.   6. 납작한   7. 많은
8. 달라붙습니다.   9. 뺨을   10. 밟힌

14. 그림일기를 쓸 수 있어요

119쪽 〈스스로 해 보아요〉

1) 받아쓰기, 꾸중 등

2) 날씨 : 하루 종일 비, 비만 주룩주룩 등
   제목 : 비 오는 날, 짜증 나는 날 등

120쪽 〈더 알아보아요〉

1) (예) 정말 맛있었다. 다음에도 또 해 주셨으면 좋겠다.

2) (예) 내 동생은 장난꾸러기다.

122쪽 〈도전 백점〉

1. ③번   2. ⑤번   3. ③번

4. (예) 달리기 시합, 운동회, 체육 시간 등

123쪽 〈받아쓰기〉

1. 계속   2. 시계탑   3. 텔레비전
4. 것은   5. 빨갛게   6. 넣지
7. 잃어버리고   8. 어떻게
9. 맨발을   10. 들은 체

15. 소개하는 글을 쓸 수 있어요

127쪽 〈스스로 해 보아요〉

1. 어떤 책이 재미있는지 궁금해하고 있습니다.

2. 희주에게 자신이 읽은 책을 소개하고 있습니다.

3. 콩쥐 팥쥐

128쪽 〈더 알아보아요〉

(예) 제목 : 기린

기린은 아프리카가 고향이고, 동물원에서도 볼 수

있는 동물입니다. 다리는 4개이고, 높은 나무의 잎도 잘 먹습니다. 몸은 노란색 바탕에 갈색 무늬가 있습니다.

129쪽 〈글 놀이터〉
(예) 우리 학교를 소개할게. 우리 학교에는 놀이터, 체육관, 음악실이 따로 있어. 그리고 뒤쪽에는 토끼장도 있어. 화장실은 우리 교실을 나가서 왼쪽 복도 끝에 있어. 급식실은 1층에 있단다. 그리고 우리 담임 선생님은 안경을 끼셨고, 매우 친절하셔. 하지만 우리들이 거짓말을 하면 무서워지니까 조심해야 해.

130쪽 〈도전 백점〉
1. ④번 2. ⑤번 3. ①번 4. ③번

131쪽 〈받아쓰기〉
1. 이렇게 2. 달빛 3. 외양간 4. 찢어
5. 덮어 6. 눈곱도 7. 옵니다. 8. 새근새근
9. 뜻밖이었어요. 10. 힘들잖아요?

16. 이야기를 만들 수 있어요

135쪽 〈스스로 해 보아요〉
(예) · 어디선가 빨간 보자기가 날아왔습니다.
　· 토끼는 그 틈을 타 도망을 쳤습니다.
　· 사자는 버둥거리다가 보자기를 벗었습니다.
　· 토끼는 이미 어디론가 숨어 버렸습니다.

136쪽 〈더 알아보아요〉
②-④-③-①
(예) 아이들이 바나나를 먹고 있는 모습을 원숭이가 나무 위에서 쳐다보고 있었습니다.
원숭이가 "어흥!" 하고 사자 소리를 내자 아이들은 바나나를 버리고 도망을 갔습니다.
신이 난 원숭이는 바나나를 가지러 나무 위에서 내려갔습니다.
급하게 내려가던 원숭이는 나무 위에서 그만 떨어지고 말았습니다.

137쪽 〈글 놀이터〉
(예) 커다란 돌에서 튀어나온 도깨비는 호동이의 손을 잡고 아주 빠르게 걷기 시작했습니다. 도깨비는 호동이를 도깨비 세상으로 데려갔어요. 그리고 호동이한테 멋진 조각상을 만들어 달라고 부탁했지요. 호동이는 자신의 재주를 뽐내어 조각상을 만들어 주었고, 그 상으로 도깨비들은 호동이를 부자로 만들어 주었답니다.

138쪽 〈도전 백점〉
1. ⑤번 2. ②-④-③-① 3. ①번

139쪽 〈받아쓰기〉
1. 뚫린 2. 모퉁이 3. 얼굴을 4. 내밀었어요.
5. 닮았다. 6. 초가집이 7. 붙어
8. 비치었어요. 9. 맛난 10. 숨바꼭질도

틀리기 쉬운 우리말

가르치다/가리키다
- 가르치다 – 모르는 것을 알게 해 주다.
  선생님께서 수학 문제 푸는 법을 가르쳐 주셨다.
- 가리키다 – 손가락으로 방향을 지적하다.
  친구가 가리키는 곳을 봤더니 나비가 날아가고 있었다.

낳다/낫다/낮다
- 낳다 – 사람이나 동물이 새끼를 내놓다. 또는 어떤 결과가 나타나게 하다.
  강아지가 새끼를 낳았다.
- 낫다 – 병이나 상처가 없어지다. 또는 서로 비교하여 어떤 것이 더 나아 보인다.
  약을 먹었더니 머리 아팠던 게 말끔히 낫다.
  바지보다 치마가 더 낫다.
- 낮다 – 높이나 수준이 떨어진다.
  한라산은 백두산보다 더 낮다.

넘어/너머
- 넘어 – 넘다. 수량이나 정도가 한계를 벗어났을 때
  도둑이 담을 넘어 들어왔다.
- 너머 – 높거나 넓은 것의 저쪽
  산 너머에는 할머니 댁이 있다.

늘리다/늘이다
- 늘리다 – 양을 늘게 하다.
  선생님이 쉬는 시간을 늘려 주셨다.
- 늘이다 – 길이를 길게 하다.
  키가 커져서 바지 길이를 늘였다.

다르다/틀리다
- 다르다 – 같지 않다.
  나는 너랑 생각이 달라.
- 틀리다 – 계산이나 일이 어긋나거나 맞지 않다.
  네가 한 계산이 틀렸어. 7+4는 11이야.

두껍다/굵다
- 두껍다 – 두께가 큰 것을 말한다.
  두꺼운 책을 읽는 것은 어렵다.
- 굵다 – 둘레가 큰 것을 말한다.
  이 굵은 나무들 좀 봐!

되돌아보다/뒤돌아보다
- 되돌아보다 – 본 것을 다시 보다.
  지난 일을 되돌아보니 후회가 되었다.
- 뒤돌아보다 – 뒤쪽을 돌아보다.
  엄마를 부르자 뒤돌아보았다.

맡다/맞다
- 맡다 – 어떤 일이나 책임을 넘겨받다. 또는 코로 냄새를 느끼다.
  나는 우리 반에서 회장을 맡게 되었다.
  갑자기 맛있는 냄새를 맡았더니 배가 고팠다.
- 맞다 – 어떤 일이 생각대로 되는 것 또는 어떤 상태나 정도가 잘 어울리는 것을 말한다.
  새로 산 신발이 내 발에 꼭 맞다.

매다/메다
- 매다 – 끈이나 줄을 묶다.
  운동화 끈을 단단히 매다.
- 메다 – 물건을 어깨에 걸친다.

가방을 메고 학교에 갔다.

바라다/바래다

- 바라다 – 생각한 대로 이루어지기를 원하다.
  어머니께서는 내가 착하게 자라기를 바란다.
- 바래다 – 원래 빛깔이 옅어지거나 윤기가 없어지다. 또는 손님을 배웅하다.
  이 옷은 색깔이 바래서 낡은 것처럼 보여.

바치다/받히다/받치다

- 바치다 – 자기의 정성이나 힘을 남에게 아낌없이 주다.
  할아버지께서는 평생을 교육에 바치셨다.
- 받히다 – 떠받음을 당하다.
  소에게 받혀서 땅으로 떨어졌다.
- 받치다 – 어떤 물건의 안이나 속에 다른 물건으로 대다.
  책상 다리가 부러져 벽돌로 받쳐 두었다.

반듯이/반드시

- 반듯이 – 생김새가 비뚤어지지 않고 바르게 생기다.
  참 반듯하게 생긴 아이구나.
- 반드시 – 틀림없이, 꼭
  달리기에서 반드시 일등을 할 거야.

벌이다/ 벌리다

- 벌이다 – 일을 베풀어 놓다. 여러 개의 물건을 죽 늘어놓다.
  전쟁에서 이기자 임금님께서 잔치를 벌이셨다.
- 벌리다 – 둘 사이를 떼어서 넓히다. 또는 돈벌이가 되다.

두 팔을 크게 벌려서 움직여 봐!
이 식당은 돈이 잘 벌리는 곳이다.

부치다/붙이다

- 부치다 – 바람을 일으키다. 또는 (편지나 물건을) 보내다. 또는 지져 만들다.
  부채를 부쳤더니 시원해졌다.
  이 편지를 부치고 오거라.
  부침개를 부쳤다.
- 붙이다 – 달라붙어 떨어지지 않게 하다.
  편지 봉투에 우표를 붙였다.

얇다/가늘다

- 얇다 – 두께가 작은 것
  추운 날에는 얇은 옷을 여러 겹 겹쳐 입는 것이 좋다.
- 가늘다 – 둘레가 작은 것
  내 발목은 가늘다.

~예요/ ~이에요

- ~예요 – ~이에요의 준말. 받침이 없는 말에 붙여서 쓴다.
  이 연필 얼마예요?
- ~이에요 – 받침이 있는 말에 붙여서 쓴다.
  이것은 내 책상이에요.

왠/웬

- 왠 – 왜 그런지의 줄임말
  나는 왠지 집에 가고 싶다.
- 웬 – 어떠한, 어찌 된의 뜻
  네가 웬일로 왔니?

틀리기 쉬운 우리말

잃다/ 잊다

- **잃다** – 물건이 없어지거나 정신을 놓다.
  지갑을 잃어버려서 준비물을 사지 못했다.
- **잊다** – 알았던 것을 기억하지 못하거나 깨닫지 못한다.
  오늘이 어머니 생신인 것을 잊고 있었다.

~쟁이/ 장이

- **~쟁이** – 사람의 성질이나 독특한 습관을 나타내는 말에 붙는다.
  개구쟁이, 엄살쟁이, 멋쟁이
- **~장이** – 어떤 기술을 가진 사람을 뜻한다.
  옹기장이, 석수장이

저리다/ 절이다

- **저리다** – 근육이나 뼈마디가 쑤시듯 아프다.
  할머니께서는 날이 궂으면 무릎이 저리다고 하신다.
- **절이다** – 소금이나 식초로 절게 하다.
  김치를 만들 때는 배추를 소금에 절인다.

적다/작다

- **적다** – 양을 나타낼 때 쓴다.
  나는 형보다 밥을 적게 먹는다.
- **작다** – 크기를 나타낸다.
  나는 형보다 키가 작다.

지긋이/지그시

- **지긋이** – 나이가 많고 듬직하다. 또는 참을성이 있다.
  교장 선생님께서는 나이가 지긋해 보인다.
  지긋이 앉아 있거라.
- **지그시** – 힘을 은근히 들이는 모양
  눈을 지그시 감고 생각해 보았다.

짖다/짓다

- **짖다** – 개가 크게 소리를 내다.
  개 짖는 소리에 잠에서 깼다.
- **짓다** – 만들다. 또는 표정이나 자세를 드러내다.
  장난감 집을 짓고 있다.
  미소 짓는 얼굴이 참 예쁘다.

햇볕/햇빛

- **햇볕** – 해의 뜨거운 기운
  햇볕이 따스한 곳에 앉아 있었더니 잠이 왔다.
- **햇빛** – 해의 빛
  햇빛 때문에 눈이 부셨다.